I知人
cons

胶囊式传记 记取一个天才的灵魂

COCO CHANEL
LINDA SIMON

香奈儿 胶囊传

〔美〕琳达·西蒙 著　胡梦茵 译

上海文艺出版社

目录

导言		001
1	深色皮肤的小女孩	013
2	硬草帽	033
3	疯狂	053
4	双 C 标志	079
5	运动生活	099
6	名伶	123
7	历史	143
8	隐士	167

9　珍珠绳　　　　　185

10　活着的传奇　　205

精选参考文献　　　233

致谢　　　　　　　239

导言

"香奈儿正是其创造力的化身。"

——*Vogue*（法国版），1926

"1919年，"可可·香奈儿（Coco Chanel）说，"我一夜成名。"[1] 在这之后的几年里，她的名气的确与日俱增。1921年，她推出了自己的首款香水——No. 5。1926年，经典的小黑裙问世。但在1919年的时候，香奈儿就已经有了足够的名气。她出现在各种时尚杂志以及报纸版面上，俨然是强手如林的时尚界中一颗冉冉升起的新星。与之齐名的是让娜·浪凡（Jeanne Lanvin）女士和玛德莱娜·薇欧奈（Madeleine Vionnet）女士。同时，杰妮（Jenny）、让·帕图（Jean Patou）、玛德莱娜·谢吕（Madeleine Cheruit）、普雷米特（Premet）、慕尼丽丝（Molyneux）、马夏尔 & 阿尔芒

---

[1] 引自萨尔瓦多·达利（Salvador Dali），*The Unspeakable Confessions of Salvador Dali*，哈罗德·萨勒姆森（Harold J. Salemson）译，1976年，第210页。

(Martial et Armand)、雷德芬（Redfern）、芮妮（Renée）以及敏感的英国设计师查尔斯·弗雷德里克·沃斯（Charles Frederick Worth）都是当时耳熟能详的名字。1919年活跃着大约40位同时代的女设计师。而一百年后的今天，香奈儿却依然是高级定制时装（the haute of haute couture）的同义词。她无疑是个传奇。

这可以视为香奈儿女士本人的胜利：她将女性从紧身胸衣、裙衬、拖地长裙以及缎饰羽毛礼帽中解放出来；她促使女性自由周转于汽车内外、马背上下（如果她们愿意的话）以及进入工作场所之中。她以短发示人，其他女性纷纷效仿。她为世人展现中性之美，而众追随者使之成为一道新风景。她告诉女性应当穿着柔软舒适的衣物，比如男人的毛衣（没有束带）、男人的衬衫（颈部敞口以便露出仿制的珍珠项链）以及通常在男性正装中使用的面料（如粗花呢以及针织面料）。香奈儿的传奇还在继续，她不但改变了服装的样式，也改变了女性生活的叙事。她发明的不仅有简约黑色衬衫，还有现代女性本身。

仅仅把香奈儿形容为一个时装设计师并不足以表现出她在社会与文化上的重要意义。从1913年在多维尔（Deauville）开了第一家礼帽店，到其1971年过世时，香奈儿一生中售卖出去的不仅有服装、配饰以及那款现象级的经典香水，还有一个对女性来说和她的修身长裙以及结子绒套装具有同样吸引力的神话。她最华丽的创造正是她的公共形象：一个富有魅力、苗条、性感独立，在名誉与财富之间寻欢作乐的女子。迷人而又充满魅力的香奈儿在公众宣传以及自我营销上拥有惊人的天赋，她也是第一位女性设计师身份的名媛。同其他的社会名流一样，香奈儿的名气有着部分的现实基础——她的艺术性与眼光；部分来源于一种渴望——她自身对于他人赞美的持久的渴望；剩下的则来源于大众基础——她所展现出的大胆的彰显女性权力的性别形象。对几代女性来说，香奈儿正是可能性、成就与反抗的化身。

本书梳理了香奈儿以及她所处的社会创造的这一神话，探求了其中的矛盾，并且审视了她自身反映出的，同时又是她加以塑造的这个世界。香奈儿在流言蜚语中成长起来，取得了令人瞠目的成功，而她本人也乐于助长这些流言蜚语。她改变了时尚传播的方式，使得香奈儿这个名字和她的品牌声名远播，不再限于时尚界的一席之地。

诚然，香奈儿是一个颠覆传统的商人，她反抗并且操控了时代对她性别身份的期许，但她也捍卫着深深根植于文化中的关于女性角色以及两性关系的假设。诚然，她的设计非常漂亮，令人垂涎，并且经常敏锐又优雅地回应了流行时尚趋势。诚然，香奈儿有着非凡的品位与天赋。她夸耀自身有敏锐的嗅觉，见证了她的成功的人们则认为她对于女性未明言的需求有着精确的预测。而她本人却非常迷信，将自身的成功大部分归因于运气：在刚刚好的时间出现在正确的地方，进入了正确的行业。"我的时代早已经准备好，等待我的到来，"她说，"我需要做的只是走上舞台。"[1] 但是好运并不能真正解释可可·香奈儿的不朽神话。

1913年，香奈儿还是一个卖着硬草帽（boater hats）的帽商。她从老佛爷百货公司（Galeries Lafayette）买来这些帽子，自己用彩带和绸带重新装饰了之后再卖出去。而此时时尚杂志中已出现了一个新的时装趋势：苗条、线条流畅、面料柔软。此类杂志面向活跃的女性。这些女性打网球和高尔夫球、赛艇、骑马、露营和滑雪。她们热爱跳舞，而每一期高档杂志《女性》（*Femina*）都包含一种新舞蹈的介绍——火鸡舞（the turkey trot），波士顿双步法（le pas du double boston），一步舞（the one-step）和探戈（the tango）。"我们的时代会是活力的时代、健康的时代、平衡的时代。"一位编辑如是说。

到香奈儿成名的1919年，法国时尚杂志中她的竞争者们设计的草图和她自己设计的形象相似：修长又狭窄。在诸如乔治·勒巴柏（Georges Lepape）和乔治·巴比尔（Georges Barbier）这样的插画师笔下，苗条的年轻女性们拥有着不可思议的大长腿，留着短发，穿着灰色或者米色等低调颜色的低腰长裙，而裙子的面料也是顺滑的丝绸或

---

[1] 克劳德·德莱（Claude Delay），*Chanel Solitaire*，芭芭拉·布雷（Barbara Bray）译，1974年，第58页。

者羊毛织布。"这一季最流行的新元素，"《时尚》(*Vogue*)上写道，"就是男性衬衫或者带领子的衬衫前襟。这个领子可以设计出无限可能。"[1] 然而展现这一被称为"少男风格"(garçonne look)的其他设计师们都没有像香奈儿一样将这一新女性的形象具身化（embody）：她不仅为那一代的女性设计服装，她还将自己的设计穿上身，出入各种场合；并且，这些时装在她身上有着非常惊艳的效果。

香奈儿不是那个将女性从紧身胸衣的束缚感中解放出来的人——这份荣誉应该归给保罗·波烈（Paul Poiret）和玛德莱娜·薇欧奈（Madeleine Vionnet），他们早在很久之前就抛弃了沙漏型的女性形象，转而设计柔软、飘逸、宽松的长裙。

然而他们设计出的依然是形塑女性身体的服装，香奈儿创造的则是女性生活中可以穿着的行头——衣服宛若时刻在爱抚优美且性感的躯体。"我告诉你一个秘密，"有一次香奈儿对一位记者坦白道，"我通常会是试穿初版的那个人。如此这般，我便能知道衣服真实的大小，感受它的合身程度、舒适程度以及每条裙子的重量。"[2] 适合香奈儿本人的尺寸，通常并不适合大部分女性。但是她们都愿意效仿，拥有和香奈儿一样的身材。

---

[1]《时尚》(*Vogue*)，1919年4月1日，第48页。
[2] 约瑟夫·巴里（Joseph Barry），'An Interview with Chanel'，《麦考尔》(*McCall's*)，1965年，第170页。

香奈儿身形宛若少男,平胸且柔弱娇小。她也试图使自己一直保持在这样一种瘦骨嶙峋的状态。她承认自己的体重大约在47公斤~48公斤(103.5磅~106磅),这即使对只有5英尺(1.5米)左右高的人来说都显得太轻了。很多跟她同桌吃过饭的人都能记得她几乎不怎么吃东西。在一位客人的记述中,一块羊排和两片莴苣叶就足够做她的晚餐了。另一位用餐者这样描述道:"她从不让自己吃饱,她憎恶肥胖的人。"香奈儿说,好的身材比漂亮脸蛋更重要。

香奈儿塑造出的身体形象只能通过严格节食才能达到,并且需要通过内衣将胸部以及其他可能破坏身体线条的部分紧紧束缚。香奈儿直言道:"我讨厌凸显的胸部。"女人"可以有乳头,这没有关系,但是除此之外,前后都应该像男人一样平坦。"[1] 一时间,时尚杂志纷纷刊登了关于节食的文章,紧身内衣的制造商们找到了驯服身体的新办法,整形外科医生有了新客户。香奈儿的设计向女性揭示了一种永葆青春的可能——拥有永恒的少女形态。而女性顾客们也渴望实现这一少女的身份。

如果说有一些顾客是将香奈儿的时装阐释为一种变装(cross-dressing),一种对过时老派的女性气质的抵抗,或是其他某种形式的抗议;那么更多的顾客则是因为香奈儿风

---

[1] 约翰·弗莱查尔德(John Fairchild),*The Fashionable Savages*,1965年,第42~43页。

的性感诱惑而对其梦寐以求。"已婚女性依赖薇欧奈,出入社交圈的名媛们偏爱浪凡,而热爱运动的女性则选择夏帕瑞丽(Schiaparelli),"1936年的《华盛顿邮报》(*The Washington Post*)声称,"但是据说如果一个女人想要俘获一个男人,或者是拴住丈夫的心,那么香奈儿是她不变的选择。"[1]

在职业生涯的大部分时间里,香奈儿都将自身塑造为一位声望斐然的成功企业家,并且她不愿意将这种成功作为自身婚姻的敲门砖,哪怕其追求者是威斯敏斯特公爵(Duke of Westminster)这样的大人物。她打情骂俏,举止轻佻,她的花边新闻频频登上头条。媒体将她和一个又一个男人联系在一起,这让她显得在性的方面自由且独立,当情人们变得无趣或者难伺候的时候,她便会将他们抛弃。然而,在她晚年时,她径直坦露了自己的孤独和脆弱。这些自白并没有使她的人生蒙上污点,反而大大增强了其传奇性。它们反映出的是,女性在面对跨越性别边界的后果时,以及冒险失去自身的女性魅力时普遍地不置可否。"自由和独立不是同一种东西。"香奈儿解释说,"我怜悯那些自由的女性。她们无可依靠,却又依赖于所有人。独立则是另一回事。当然,如果一位女性获得了独立,那么也就

---

[1] 'A Designing Designer',《华盛顿邮报》(*The Washington Post*),1936年6月21日,第b6版。

意味着她将失去快乐。"[1] 有好几次，香奈儿都以为自己走到了婚姻殿堂的门口，但每次她都错失所爱。通常这是因为她当时选择了其他人：更富有的、更年轻的、更有创造力的，或是贵族中的一员。香奈儿50岁时，她的未婚夫在一场网球比赛中因为突发心脏病猝死，而这一切就发生在她的眼前。三十年后，香奈儿在只影孤行中去世，饱含人生的苦楚，饱含对衰老的怒火，以及对生活的世界（包括时尚的世界）的疏离与对立。她承认，"孤独可以帮助一个男人走向成功，但它却会摧毁一个女人"。[2]

香奈儿关于爱与性的格言频见诸于时尚杂志以及她个人的采访之中。这些格言背后所透露出的香奈儿本人的想法，相比起传说中狂野的20世纪20年代以及后来动乱的60年代，更加接近19世纪的观点。那些崇拜香奈儿的人也倾向于持有这样的想法，比如玛丽莲·梦露（Marilyn Monroe）。当被问起每晚就寝时穿什么的时候，梦露（Monroe）的经典名言是："我只穿香奈儿五号（Chanel No. 5）入睡。""女性的力量没有被恰当地引导。"香奈儿说，"当一名男性被恰当地引导之后，他便能在工作中找到庇护。但工作却只会让女性精疲力竭。女人是用来被爱的。"又有，"女性应当展现自己的柔弱，任何时候都不要

---

[1] 约瑟夫·巴里（Joseph Barry），'"I Am on the Side of Women," Said My Friend Chanel'，《史密斯学会学报》（*Smithsonian*），1971年5月，第29页。
[2] 同上，第35页。

展现出她们的长处,这是需要被掩藏起来的东西。"又有,"一个不被爱的女人不能算是女人。无论年纪如何,没有人爱的女人都已经迷失自我,等待她的只有死亡。"[1] 尽管富有又有权势,香奈儿依然和她同时代的人持有同样的想法。

尽管香奈儿本人渴望着被珍爱与保护,她在经营自己的时装屋时却显得咄咄逼人,常常胁迫她的员工、时尚编辑,甚至是一些顾客。虽然香奈儿知道要像一个少女一样缝制衣服,但她却没有学会像一个设计师那样工作,她也不会画设计草图。她擅长的是撕开与剪断布料,剪刀是她的武器,她带着轻蔑,有时甚至是怒火挥舞着它们。香奈儿与员工的关系常常极不稳定,令人沮丧。模特们会被迫站一整天,其间香奈儿会将女性缝纫师们按照她自己的要求费心缝制好的时装撕成两半。

她从来不会对第一次、第二次,甚至是第十次的打版感到满意。模特们走步,转身,不久又要再走一次。香奈儿需要她们举起手臂,以便她能评估袖子连接到接缝处的走线方式。她牙尖嘴利,喃喃咒骂,将助手们贬低到泪流不止。康朋街(rue Cambon)的工作室里的气氛紧张凝重,但到最后,香奈儿总能取得她想要的完美结果。

香奈儿的社会关系也同样极不稳定。作为一位年轻女

---

1 约瑟夫·巴里(Joseph Barry),' "I Am on the Side of Women," Said My Friend Chanel',《史密斯学会学报》(*Smithsonian*),1971年5月,第142、145、147页。

性，香奈儿拥有轻浮而又令人眩目的笑容，她也似乎从来没有缺少过爱慕者。她在名人和富豪的社交圈里自如周旋。但她总是在害怕，害怕失去她不确定是否是自己应得的东西，也害怕暴露自己真实的一面。在香奈儿的一生中，她坚守着关于自身的一些谎言，来保证她羞于被人知晓的那些过去永远尘封，同时也保证她认为符合自己国际知名设计师身份的那些过去能够见诸于世。为了让自己获得足够的安全感，香奈儿总是和旁人保持距离，一旦对方有探知真相的可能，她便将这些人远远推开。她向朋友们撒谎，也向那些潜在的传记作者们撒谎。她的谎言极富创造力，又连贯一致，以至于在她去世数十年后的今天（香奈儿于1971年去世），公众依然难以获得真相。尽管如此，仍然有很多作家在试图这样做。本书基于对认识香奈儿本人的传记作者和回忆录作者进行的调查采访，以及香奈儿在世时和去世后吸引的那些以她为主题进行写作的人。除此之外，本书还使用了报纸、杂志以及档案中的一手材料。

这些资料展现了一位受困于，有时甚至受累于自身的复杂性的女性：她是一位女性的楷模，却极度渴望男人的保护；她自称隐士，却成为那个时代最引人注目的人物之一；她是一位聪明绝顶的商人，却签字放弃了公司90％的股份；她获得了举世知晓的成功，却在悲伤与苦楚中死去；她是一位声称自己不过是匠人的天才。"可可·香奈儿，"

时尚史学家瓦莱丽·斯蒂尔（Valerie Steele）写道，"可能是 20 世纪最重要的时尚设计师……香奈儿拥有女性们都想效仿的形象。"[1] 几十年来，香奈儿都是女性们希冀成为的女人。

---

[1] 瓦莱丽·斯蒂尔（Valerie Steele），'Chanel："L'Élégance, C'est Moi" '，*Women of Fashion：Twentieth-Century Designers*，1991 年，第 53 页。

1 深色皮肤的小女孩

你看,如果我说实话,人们就会觉得我很可怕,即使我只说了自己的坏话。

——香奈儿[1]

"童年的那个我至今仍与我如影随形。"香奈儿对回忆录作者路易·德·维尔莫兰(Louise de Vilmorin)这样说道。后者在20世纪40年代接受邀请,与香奈儿共同完成她的回忆录[2]。这句话是事实没错,但也正是她童年的实情产生出了后面她用来点缀自己一生的谎言。《时尚》(Vogue)的编辑贝蒂娜·巴拉德(Bettina Ballard)复述了香奈儿自己讲述的故事。香奈儿的母亲在她很小的时候便已离世。而她亲爱的父亲怀揣着美国梦远赴异乡。小香奈儿在奥佛涅(Auvergne)的一个农

---

1 香奈儿写给约瑟夫·巴里(Joseph Barry),'An Interview with Chanel',《麦考尔》(McCall's),1965年11月,第174页。
2 路易丝·德·维尔莫兰(Louise de Vilmorin),*Mémoires de Coco*,1999年,第17页。

场中由两位严肃且年长的阿姨带大。她一直在等待父亲的归来，这是他曾经许下的诺言。"阿姨们住的石头房子窗户很小，而且常年紧闭。"香奈儿告诉巴拉德，"她们穿着污迹斑斑的黑色长裙，端庄地坐在客厅里做着针线活或是看书，而她们的眼睛却时刻紧盯着这个深色皮肤的小女孩。本该是在学习或者做针线活的她永远在望向窗外。"阿姨们养了几匹马，因此年轻的可可每当有机会逃离屋子，便会跳上一匹马，飞驰于充满野性的乡间。终于在香奈儿16岁时，她前往维希（Vichy）拜访了她的祖父。决意永远逃离阿姨们的石头房子的香奈儿拦下了一位年轻的军官，请求他带着自己离开此地。这位年轻的军官正是富有的埃提安·巴桑（Étienne Balsan）[1]。

真相却并非如此。香奈儿并非在资产阶级家庭的礼教中长大。她出身贫困，而贫困对她来说是粗俗的同义词。她的父亲，亨利-阿尔伯特·香奈儿（Henri-Albert Chanel）是一名四处旅行的推销员和花花公子。他的二女儿嘉柏丽尔（Gabrielle，也就是可可）1883年8月19日出生时，亨利-阿尔伯特正和让娜·德沃勒（Jeanne Devolle，可可的母亲）同居在巴黎以西322公里（200英里）的缅因-卢瓦尔省（Maine-et-Loire）索米尔（Saumur）的一座阁楼里。此前他们已经育有一女，即一岁大的茱莉亚-贝尔瑟（Julia-

---

[1] 贝蒂娜·巴拉德（Bettina Ballard），*In My Fashion*，1960年，第50～51页。

Berthe)。两人于1884年11月结婚，而那时让娜已经再次怀孕。婚姻并没有让阿尔伯特有丝毫沉稳可言。为了让阿尔伯特可以安定下来，让娜经常带着两个年幼的女儿跟着丈夫走街串户。但让娜渴望安全感的希冀一再落空，而她自己也在跟随丈夫的过程中不断地怀孕。到嘉柏丽尔11岁时，让娜又生了四个孩子：阿尔冯斯（Alphonse）、安托瓦内特（Antoinette）、吕西安（Lucien）和奥古斯丁（Augustin），小奥古斯丁（Augustin）在襁褓中就夭折了。然而阿尔伯特并没有见到自己的小儿子，也没有见证他的去世。长时段地离家失踪于他而言已是常态，留下让娜一个人照看他们日益壮大但贫困的家庭。频繁怀孕让让娜精疲力竭，她于1895年死于严重的哮喘病。香奈儿把她母亲的病转述成肺结核，声称自己记得母亲沾血的手帕。她讲述了儿时听见母亲在隔壁房间挣扎呼吸并最终去世的恐怖景象，亦真亦假。

　　香奈儿很少讲起她的兄弟姐妹，以及彼此之间的关系。尽管她声称小自己四岁的安托瓦内特是她最喜欢的妹妹，但是没有任何童年时代的证据显示她们关系很好。成年之后，安托瓦内特通常都遵照香奈儿的意愿行事，全心全意地帮她做事，这可能源自她们童年时期就已经形成的相处模式。香奈儿对只比她大一岁的姐姐茱莉亚兴趣不大，她更喜欢的是可以和自己一起爬树的兄弟阿尔冯斯：香奈儿把自己描绘为一个假小子。

无论这种家庭生活对孩子们来说是好是坏，它都在1895年结束了。让娜死后，毫无疑问是由阿尔伯特来照顾他的孩子们。12岁的时候，嘉柏丽尔和她的姐妹们住在奥巴津（Aubazine）的一个天主教孤儿院里，而她的兄弟们则被农场家庭收养。后来，香奈儿坚称她在法国南部别墅的楼梯完全复刻了奥巴津的楼梯：或许这是一种致敬，提醒她自己一路走了多远。有人相信她在早期设计的白领黑色西装中唤起了记忆里那些生动的修女的打扮。毕竟，是这些修女教会了她缝纫，也是她们向香奈儿灌输了一种对于洁净的崇拜，而洁净永远等同于美德。她对某人做出的最糟糕的指责之一就是他很脏。而她做出的最高评价之一就是说一位女士用"一点香气"掩盖了自己的"体味"……她认为一个香气扑鼻的女人绝对讨人喜欢[1]。

香奈儿是一个非婚生子，一个贫穷的孩子，一个由玛丽圣心会（Congregation of the Sacred Heart of Mary）的修女们抚养长大的孩子。这些是香奈儿想要从她的生活中抹去的事实，甚至她出生的时刻都令她感到难过：她出生于黄昏时分，而她告诉人们，一天中的那个时间段永远让她感到困扰和焦虑。"当我是个孩子的时候，我渴望得到爱。然而我没有。"香奈儿说，"我曾设计得到它……我的童年

---

[1] 皮埃尔·加兰特（Pierre Galante），*Mademoiselle Chanel*，艾琳·吉斯特（Eileen Geist）、杰西·伍德（Jessie Wood）译，1973年，第75页。

很糟糕。"[1] 她渴望她的父亲,是他为自己取名"可可"。她出生时父亲并不在场,他非常讨厌母亲为香奈儿取的名字。他告诉香奈儿让别人只叫她"可可"。在另一个版本的故事里,香奈儿说她出生在一家名为"嘉柏丽尔幸福之家"(Gabrielle Happiness)的医院里,而当时负责为她母亲接生的修女就叫嘉柏丽尔·博纳(Gabrielle Bonheur)。因此,她的名字并非由母亲所取,而是源于那家医院。

香奈儿说自己是一个孤僻的孩子,经常退缩回自己的想象世界中。她用花朵或是秋天的落叶制作项链,这预示了日后她所拥有的创造力。她偷偷地阅读小说,它们激发了她的幻想与美梦。香奈儿告诉自己晚年的挚友克劳德·德莱(Claude Delay)勃朗特姐妹(Brontë sisters)是她最喜欢的作家:《简·爱》(*Jane Eyre*)和《呼啸山庄》(*Wuthering Heights*)在英国出版后几年不到就被译成了法文,她两本书都读完了。在这些小说中,困难都会被克服,苦难终有回报,女主人公都能寻得真爱,比如成了孤儿的简·爱。她也读当地报纸上连载的流行言情小说,读让少女幻想被英俊的王子带走的童话故事。"这些小说里的谎话,"香奈儿后来说,"我读了太多。如果我有孩子,我会让他们在小说中长大。小说中有他们所需要的一切……剩下的则会由

---

[1] 约瑟夫·巴里(Joseph Barry),'An Interview with Chanel',第 170 页。

时间来给予。"[1]

她说阿姨住所里的所有人都在时刻谈论钱的问题（她坚称自己是在那里被抚养长大）。她偷听到女仆们彼此交谈说等存够了钱就离开这里不再打工。对香奈儿来说钱成了自由的同义词。"我很小的时候，"她说，"就意识到了没有钱你什么都不是，而有了钱你可以做任何事情。不然的话，你只能依靠你的丈夫生活。"[2] 香奈儿在 12 岁时就知道了这条至理。如果这不是她从亲戚那里学来的话，那就是在孤儿院里学到的，那里每天都提醒她注意自己的贫穷和无力。钱当然可以买到自由，但修道院也教会她，解救有时会经由奇迹和魔法发生。日后她身怀魅力。她有一个幸运数字，5。她所有的时装秀都定在 5 号举行，而这也成为她首款香水的名字。香奈儿一直很迷信。1957 年她到美国接受一次时尚颁奖时，她问一位采访者："你看到那个戒指了吗？"

> 如果必要，我愿用我所有的珠宝来换这枚戒指。在我的家乡奥佛涅省，一位很喜欢我的老夫人把它给了我，那时候我 16 岁。她把戒指一边递给我一边说："拿着它，小可可……你要一直戴着它，不要把它从你的手指上取下。它会

---

[1] 约瑟夫·巴里（Joseph Barry），'An Interview with Chanel'，第 170 页。
[2] 保罗·莫朗（Paul Morand），*The Allure of Chanel*（1976 年版），尤安·卡梅隆（Euan Cameron）译，2008 年，第 39 页。

给你带来好运。你的人生会很精彩。"她先前说的话都应验了——我的人生的确很精彩。[1]

至于这枚戒指真正的来源,相比起香奈儿希望公众所相信的那样,已经没那么重要了。

香奈儿声称她在阿姨家的时候就从来没有过好胃口。没有什么能诱惑到她。"我很淘气,坏脾气,偷东西,表里不一还常常偷听,"香奈儿对自己的好友保罗·莫朗(Paul Morand)说道,"我只喜欢吃我偷来的食物。"香奈儿告诉莫朗她会偷偷切下厚厚的几片面包然后跑到厕所将它们都吃掉。[2] 她筋疲力尽,充满了绝望,迷失了方向。她渴望父亲回来,告诉她自己爱她并不想离开她。她说自己第一次领圣餐时,父亲从美国给她寄了一条白色的长裙回来。她的阿姨们都觉得裙子太花哨了,像是妓女挑出来的一样。但是嘉柏丽尔完全被这条裙子迷住了:它代表着来自父亲的关心。"后来的数以千计的裙子,"克劳德·德莱说,"她是按照自己的情感为女性们设计服装,努力不让她们遭受被抛弃的命运,也绝不让自己屈服于童年时遭到的抛弃。"[3] 香奈儿的童年经历中有一件事是可以确信的,那就是年幼的嘉柏丽尔一直坚信她的父亲会回来,给予她无限

---

[1] 'The Strong Ones',《纽约客》(*New Yorker*),1957年9月28日,第34页。
[2] 保罗·莫朗(Paul Morand),*The Allure of Chanel*,第23页。
[3] 克劳德·德莱(Claude Delay),*Chanel Solitaire*,芭芭拉·布雷(Barbara Bray)译,1974年,第184页。

的爱，为她建一座漂亮的新家，救她脱离此地。

香奈儿将过去的自己描绘为一位沮丧、孤独、饥饿的年轻女性。她后来跟德莱坦白："我每天想的事情就是如何自杀。"[1] "只有那些温柔注视着你的眼睛才是美丽的"，这句话后来成了她反复提起的格言。面对父亲的缺席，香奈儿选择了两种回应方式：一种是她是如此地渴望得到爱，只要对方展现出一丝一毫的温柔，她就做好准备献出自己的全部；另一种则是面对她所认为无异于抛弃的人和事时，她变得异常坚强与决绝。纵观香奈儿的一生，每一段关系之中她都惧怕自己会被抛弃。[2]

香奈儿一直在奥巴津待到了18岁，随后成为在穆兰（Moulins）的圣母院修女会开办的寄宿学校里的一名慈善学生。香奈儿祖父母最小的孩子，姑姑阿德丽安娜（Adrienne），只比她大一岁，也在这所学校上学。随后茱莉亚与安托瓦内特也来了这里。尽管有三位家族女性成员做伴，香奈儿在这里依然觉得孤独。这所学校里其他付费的学生都来自非常富裕的家庭，香奈儿每天都觉得与她们格格不入。

尽管香奈儿时不时会离开学校前往维希（Vichy）探访

---

[1] 克劳德·德莱（Claude Delay），*Chanel Solitaire*，芭芭拉·布雷（Barbara Bray）译，1974年，第16页。
[2] 路易丝·德·维尔莫兰（Louise de Vilmorin），*Mémoires de Coco*，第33页。引用自'Maximes and Sentences'，法国版《时尚》（*French Vogue*），1938年9月，第56~57页。

她正在接受水疗的祖父,她的解救也并非来自某位她在那里认识的军官。事实上她和阿德丽安娜一起在驻军小镇穆兰的一家内衣店做了一年半的缝纫师和售货员。女孩们还跟着当地的一位裁缝做活,能挣到一些额外收入。内衣店的顾客包括镇上驻扎的部队军官的妻子们,本地古堡里住着的有钱太太们以及前来参加赛季的人。而裁缝店的顾客则还包括了这些军官本人。一开始,两个女孩共同住在雇主家的阁楼里。等香奈儿到了21岁的时候,她决定重新找一处住所,希望得到更多的独立空间。阿德丽安娜和她一起搬了出去。两个女孩常常被人认作是年纪相仿的姐妹,而男人们也逐渐开始注意到了她们。

在一次约会中,香奈儿第一次来到了"圆屋顶"(La Rotonde)咖啡馆,那里每天晚上都有驻唱歌手的歌舞表演。业余爱好者会被邀请上台即兴表演一首,香奈儿同意了。虽然她的声音很小,但是其妖娆的身姿让导演赞叹不已。在她会的为数不多的几首歌里,有一首叫《谁见过可可?》(*Qui qu'a vu Coco?*),讲的是一个巴黎女孩寻找她走失的小狗的故事。还有一首叫《公鸡喔喔叫》(*Ko ko ri ko*),这是一项当时播出的巴黎综艺节目的主题曲。正是从她在穆兰镇的演艺生涯开始,"嘉柏丽尔"变成了"可可"。而可可也成了埃提安·巴桑的情人。

巴桑那时24岁,是纺织业大亨的小儿子。他的双亲都已过世,家中两位年长的哥哥接管了家族生意,但埃提安并不想参与其中。他喜欢养马骑马，而当他的骑兵生涯结束之后，他在皇家地（Royallieu）买下了一座庄园，那里曾经是一位赛马训练师的土地。当巴桑向香奈儿提议一起去看看他养的马时，香奈儿立刻答应了。

香奈儿后来也承认，巴桑毫无疑问是她的情人，甚至是她的第一位情人。他可能曾经让香奈儿怀过孕。她可能进行过一次地下的堕胎手术，而正是因为这次堕胎使得她后来终身不孕。但也可能完全不是这样。她可能曾经爱过巴桑，也认为巴桑同样爱她。她可能相信过巴桑会送走他的情妇——已经被他安置在庄园里的女演员艾米丽安·达朗松（Émilienne d'Alençon）。她甚至可能相信过巴桑会和她结婚。在香奈儿讲述过的关于她和巴桑的关系的故事里，其中一个是说巴桑的哥哥们对弟弟与达朗松的私情感到羞耻，因而想要说服可可嫁给巴桑。但是她拒绝了。香奈儿说，她并不爱巴桑。

唯一可以确定的是，从22岁起，香奈儿和巴桑在皇家地的庄园里共同生活了六年。因为巴桑的关系，香奈儿得以在社交圈结识许多有钱人。这些人比她之前认识的任何人都要富有得多。他们非常喜欢吓唬香奈儿。如果她在马背上看起来无所畏惧，在舞台上显得那么有趣，那都是因为她将自己的焦虑深深地隐藏了起来。"我是一个小女孩，被周围的一切吓坏了。"她告诉马塞尔·海德里希（Marcel Haedrich），后者是香奈儿少有的知己，"一个一无所知的小女孩，完完全全什么都不知道。"[1] 有可能当时香奈儿除了被引见给公众的场合，其余私下的时间里都被隔离了起来。巴桑和朋友们在大厅中寻欢作乐，而香奈儿则在距此甚远的地方吃饭。

在皇家地庄园，香奈儿第一次穿上了马裤、衬衫、无装饰的毡帽以及领带。除马裤外，这些服装与一般女性的运动装束并无不同——长款骑行夹克搭配白衬衫。然而，当其他女性穿着又大又沉的长裙时，香奈儿穿上了剪裁非常得体的马裤。每当晚间的娱乐活动有业余戏剧演出的时候，香奈儿都会打扮成男人的样子，或者少男的样子。清晨，香奈儿有时会用巴桑的大码浴袍包裹住自己。这样的打扮只会让她看起来更加富有少女气息，并且理所当然地把她与穿着紧身胸衣以及蕾丝与荷叶边等浮夸装饰的艾米丽安等人区别开来。即使香奈儿穿上女性装束的时候，衣服的剪裁也相对朴素，通常显得有些宽松。这样的装扮使得香奈儿看上去比她原来更小巧、更瘦弱，也更加精致，拘谨又使人产生保护欲。

在皇家地庄园认识的人中，有一个人引起了香奈儿极大的兴趣：英国人亚瑟·卡柏（Arthur Capel），外号"男孩"（Boy）。卡柏仅仅比香奈儿大一岁，但那时他已经是一位成功的商人了，他的家族在煤矿业发了大财。如果卡柏

---

[1] 马塞尔·海德里希（Marcel Haedrich），*Coco Chanel：Her Life, her Secrets*，查尔斯·拉姆·马克曼（Charles Lam Markmann）译，1972年，第67页。

的财富没有巴桑那么多，那么原本也不会有什么事。卡柏在伦敦和巴黎都有住所，有着一马厩的良驹，看上去也比巴桑更洋气，更世故，受教育程度更高，也更具有吸引力。香奈儿告诉保罗·莫朗，卡柏是"世间少有的灵魂，特立独行的人。他虽然年纪轻轻，但有着一位50岁的人才有的经验与阅历；他文质彬彬，非常绅士，但嬉笑之间不怒自威。他说话常常充满讽刺，十分严厉，但正是这样使得人们都为他的魅力所折服，获得众人的支持"。香奈儿相信，正是在这个巴桑将她视为轻浮玩物的地方，卡柏视她为一位充满潜力的女性，一位渴望得到形塑的女性。香奈儿之所以会允许卡柏成为自己的皮格马利翁（Pygmalion），正是因为她认为"卡柏的内在生命已经进入到了魔法与神智的层面"[1]，这让香奈儿敬意十足。可能香奈儿相信卡柏，正如皮格马利翁一样，最终会娶他的加拉泰亚（Galatea）。后来香奈儿承认卡柏是她唯一爱过的人，她补充道："是他塑造了我，他知道如何以其他的一切为代价去发掘我最独一无二的方面。"[2] 虽然香奈儿说她和卡柏从未在公共场合一同出现过，但是其他人都记得他们第一次见到香奈儿正是在卡柏设在多维尔（Deauville）或是意大利的公司里。

根据克劳德·德莱的说法，做爱对香奈儿来说是一件痛苦不堪的事，卡柏不得不带她去见自己的一位医生朋友。

---

[1] 保罗·莫朗（Paul Morand），*The Allure of Chanel*，第54页。
[2] 同上，第34页。

这位医生"感觉到了香奈儿的麻烦",并且向她保证说自己可以帮上忙。德莱写道:"一把小剪刀为香奈儿扫清了成为女人路上的障碍。"[1] 手术成功之后,香奈儿如释重负。这说明之前她和巴桑或其他人的性关系给她带来了巨大的身体痛苦。然而,也正是通过性,香奈儿看到了通往她想要的世界的方式。

虽然香奈儿准备嫁给卡柏,但是她仍然想靠自己挣到钱。她想工作的原因有两个。首先是她感受到了无聊。虽然她憎恨且惧怕无聊,但这并不是唯一的原因,她也同样憎恨且惧怕负债。对香奈儿而言,独立等同于经济上的自给自足。"首先,你得渴望金钱,"香奈儿说,"然后你就会喜欢上工作。工作比金钱更有味道。归根结底,金钱不过是独立的象征。就我而言,我对金钱感兴趣仅仅是因为它让我感到骄傲。"[2]

和香奈儿共过事的一些人都说设计并非香奈儿唯一能选择的职业,只是她相信自己在设计行业能获得成功。在香奈儿快30岁的时候,她做的工作只有缝纫师以及夜间的唱歌表演。她在决定职业生涯的下一步时,还曾经短暂地学习了韵律舞蹈(eurhythmic dance)。这一舞蹈因为伊莎多拉·邓肯(Isadora Duncan)的推广而流行一时。

香奈儿的舞蹈老师是华丽的康康(cancan)舞者和编舞

---

[1] 克劳德·德莱(Claude Delay), *Chanel Solitaire*, 第184页。
[2] 保罗·莫朗(Paul Morand), *The Allure of Chanel*, 第39页。

家卡亚瑟斯（Caryathis）。跟着卡亚瑟斯（Caryathis）学舞的经历让香奈儿确信舞台并非她的归宿。尽管如此，她对成为表演家的兴趣仍然引发了一个问题，即她自认的害羞本性与她热衷于自我表现之间的矛盾。香奈儿说在开了自己的店之后，她总是因为害怕与顾客互动而躲着他们。在晚年的时候，香奈儿解释说她一直强迫性地滔滔不绝其实是为了掩饰自己的社交恐惧。尽管如此，到1912年的时候，香奈儿似乎已经准备好登上舞台成为一名表演者了。但很快她就意识到自己的天赋似乎在布料与针线之间，而非夜总会。在皇家地庄园的时候，她为社交圈的女性们做过或是重新设计过一些帽子。这些帽子广受好评，客人们的喜悦让香奈儿相信自己可以胜任一名女帽商（milliner）的营生。

香奈儿向巴桑和卡柏坦露了自己的愿景，他们都给予了一定的鼓励。即使做一个女帽商并不能让她变得富有，但忙一点有什么不好呢？巴桑此时正要动身前往阿根廷的马场，并且计划在那边逗留相当长的一段时间。因此他同意将自己在巴黎马勒塞尔布大道（Boulevard Malesherbes）一楼的公寓借给她作为店面。而住在加布里埃尔大街（Avenue Gabriel）的卡柏则对香奈儿的计划给予了真诚的祝福以及资金支持。对香奈儿来说，卡柏的祝福被翻译成爱的表达，而她因为这个男人的关注而感到欣喜若狂。不到一年之后，香奈儿就搬进了卡柏的公寓。但同时，她依然在巴桑的公寓开着自己的门店。

好奇的顾客们陆续到来。有些人付钱买下了这些帽子，更多的人则带着她们的朋友再次光临。然而香奈儿的产品设计清单很快就不足以支撑她日益增长的生意了。她从老佛爷百货公司买入普通的帽子，并以自己独特的活泼的方式重新修剪它们。但她的客户们仍不满足。在卡柏的推荐下，香奈儿聘请了一位著名的女帽设计师卢西妮·拉巴特［Lucienne Rabaté，当时她在刘易斯工坊（Maison Lewis）精品店工作］。拉巴特还带来了两名能干的助手。同时，香奈儿还雇用了自己的妹妹安托瓦内特作为店里的员工。

拉巴特为精品店的经营带来丰富的专业知识和创意，香奈儿得以扩大了她的产品范围并吸引了更多客户——包括富人的情妇、女演员和贵族成员。由于需要更多的空间作为工作室和销售使用，香奈儿开始寻找更大的场地。卡柏帮她找到了新地方——康朋街（rue Cambon）21号，这里邻近丽兹酒店（Hotel Ritz）和旺多姆广场（Place Vendôme）。香奈儿把卡柏的姿态当作对她事业成功的肯定，但实际上她挣得很少。

香奈儿与员工之间的矛盾随即产生了。安托瓦内特是位勤劳且温顺的员工。拉巴特却相反，她对于很多事情都拥有自身强烈的想法，包括设计出的产品，也包括香奈儿和顾客之间的关系。但是香奈儿却对拉巴特提出的意见感到不满。拉巴特建议香奈儿不要同时接待一位男子的妻子和情妇，她没有听从。拉巴特建议香奈儿拒绝接待一位臭名昭著的"女演员"，以免冒犯其他女顾客，她也没有听从。终于，拉巴特决定离开那里。

类似的场景在香奈儿的职业生涯中不断上演：她找到拉巴特，用自身的魅力成功说服后者回到店里工作，虽然只有不长的一段时间。随着拉巴特又开始了设计工作，香奈儿着手通过宣传她的风格来吸引新客户。她不时与卡柏一起访问皇家地庄园和度假小镇多维尔。无论她走到哪里，香奈儿都会引起人们的注意。不仅是因为她戴的独特帽子，还因为她的一些引人注目、显得非常随意的时尚选择。比如，她可能穿着一件卡柏的马球衫在城里散步，或者在海滩上穿着领口敞开的水手衬衫。但除炫耀这些服装外，香奈儿还会目的单纯地出现在艺术家、作家和音乐家聚集的地方。她进入一个由富裕贵族支持但不限于此的世界。香奈儿融合这两个世界的能力对她的成名起到了决定性的作用。

根据香奈儿的传记作者埃德蒙德·夏尔-鲁（Edmonde Charles-Roux）和阿克塞尔·马德森（Axel Madsen）的说法，她进入艺术和音乐世界这一重要时刻发生在 1913 年 5 月 29 日。这是一个星期四。这些作家断言，在这个异常闷热的夜晚，香奈儿陪同既是朋友又是前舞蹈老师的卡亚瑟斯前往新落成的香榭丽舍剧院。这所由现代主义建筑师奥古斯特·佩雷（Auguste Perret）设计的光滑混凝土和大理石结构的剧院被认为是举办一场备受期待的表演的绝佳场所——谢尔盖·佳吉列夫（Sergei Diaghilev）率领的俄罗斯芭蕾舞团（Ballets Russes）首演伊戈尔·斯特拉文斯基（Igor Stravinsky）的《春之祭》（*Le Sacre du Printemps*），由瓦斯拉夫·尼金斯基（Vaslav Nijinsky）编舞。佳吉列夫之所以选择这个日期进行演出，是因为这天是尼金斯基《牧神的午后》（*L'Après-midi d'un faune*）成功首演一周年的日子。但即使是这个好日子也无法让尼金斯基的神经放松下来，同样无法平静下来的还有坐在第四排的那位作曲家。尼金斯基、他的妹妹罗莫拉（Romola）和佳吉列夫在副舞台（wings）来回踱步。当晚的首个剧目是肖邦浪漫的芭蕾舞剧《仙女们》（*Les Sylphides*），对这个春天的夜晚来说显得再合适不过了。但几个星期以来，佳吉列夫一直对外散布着他要表演点新东西的传言。这是一个大胆到近乎挑衅的作品。因此，老观众早就急不可耐地等着第二首剧目的上演。

正如让·谷克多（Jean Cocteau）后来回忆的那样，剧院内聚集了"一场丑闻所需要的所有要素……一群身着珍珠、白鹭和鸵鸟羽毛的时尚公众；与穿着燕尾服和薄纱裙子的人齐排坐着的是穿着西装革履和明亮发带的美学家们；他们赞美新事物，仅仅是因为他们厌恶楼上的那些包厢（里的人）"。[1] 换言之，在这里，巴黎社会中的各个阶层

---

[1] 罗伯特·菲尔普斯（Robert Phelps）编，*Professional Secrets: An Autobiography of Jean Cocteau*，理查德·霍华德（Richard Howard）译，1970年，第53页。

都已经做好被震惊和激怒的准备了。

现实情况远远超出了他们的预期：乐队刚刚开始演奏，帷幕刚刚升起，观众之间似乎就爆发了一场激斗，一方因为刺耳的和声以及震耳欲聋的舞蹈而出言抗议，另一方则因为过于激动而喧闹不止。暴力、原始、不和谐，这场表演是巴黎观众从未经历过的。谷克多记得"人们大笑，尖叫辱骂，发出嘶嘶声，模仿动物的叫声"，甚至开始互相侮辱和推搡。[1] 戴着钻石头饰，穿着丝绸高级定制礼服的女士们似乎被鞭打到发疯。

这其中有香奈儿吗？后来她跟一些人说自己观看了这场演出，但她又告诉朋友保罗·莫朗自己在1914年之前没有看过《春之祭》（*Le Sacre du Printemps*）。"谢尔盖（Sergei）说起这件事的样子，就好像它引发了一场丑闻，因而成了一个伟大的历史时刻。"香奈儿说。也因此在1920年，她给了佳吉列夫一份私人礼物以资助重演这部芭蕾舞剧。她到底给了多少资助？20万法郎？30万法郎？无论具体金额是多少，在当时总值大约相当于15500英镑。佳吉列夫说这是"一张远远超出他最大希望的支票"[2]。香奈儿让佳吉列夫对礼物的事秘而不宣，但很显然他并没有做到。香奈儿送出礼物是因为她想继续看到这场演出吗？

---

1 罗伯特·菲尔普斯（Robert Phelps）编，*Professional Secrets*：*An Autobiography of Jean Cocteau*，理查德·霍华德（Richard Howard）译，1970年，第54页。
2 引自史蒂芬·沃尔什（Stephen Walsh），*Stravinsky*，*A Creative Spring*：*Russia and France*，1882—1934，1999年，第120页。

还是像她说的那样,因为自己钦佩"他对生活的热爱,他的激情,他的不修边幅"?[1] 或是因为她想让佳吉列夫认为她比他们共同的朋友米西娅·塞尔特(Misia Sert)更慷慨?又或是因为那时她正与斯特拉文斯基有一段私情?无论原因如何,到1921年时,香奈儿都非常富有,比她曾经梦想的还要富有得多。

---

[1] 保罗·莫朗(Paul Morand),*The Allure of Chanel*,第84页。

2 硬草帽

所谓取悦他人,就是成为一个耐心倾听的人,一个似乎有些脆弱的人。

——香奈儿,1937[1]

与诺曼底(Normandy)和布列塔尼(Brittany)的许多沿海城镇一样,被狭长的图克河(River Touques)隔开的特鲁维尔(Trouville)和多维尔(Deauville)是巴黎人以及富有的国际游客热衷的夏季目的地,他们希望能在此寻得奢侈的喘息之机,暂且躲避城市的酷热。长期以来,这两个城市之间一直存在着竞争。在19世纪的大部分时间里,这里主要的吸引力来自赌博和海滩漫步。在特鲁维尔,小山顺着海岸线蜿蜒展开,其中点缀着零零星星的别墅。这座城市在这场竞争中几乎毫无胜算,直到1862年,富有进取心的德莫尼公爵〔Duc de

---

1 香奈儿(Chanel),'Secrets de jeunesse',《嘉人》(*Marie Claire*),1937年11月5日,第33页。

Morny，他是路易-拿破仑·波拿巴（Louis-Napoléon Bonaparte）的同父异母兄弟］提议在多维尔建造一条赛道。突然间多维尔变得人气旺盛，特别是在8月和举办大奖赛（Grand Prix）的黄金周（Grande Semaine）期间。随后多维尔便迎来了建筑热潮，当地沿着宽阔的大道建造了数百栋别墅。1912年一座闪闪发光的新赌场开业。媒体界热情洋溢地将多维尔鼓吹为必到的地方之一。似乎是为了强调这里的森林环境，当地出现了一个新习俗：公爵夫人们和伯爵夫人们每周三和周六会步行去市场。她们的手臂上挎着篮子，亲自购买水果和蔬菜。当然，她们并没有停止展示自己的富足，每天一大早公爵夫人们就会带上自己的钻石首饰。同时，科尼利厄斯·范德比尔特（Cornelius Vanderbilt）的"北星号"（North Star）和安东尼·德雷克塞尔（Anthony Drexel）的"再会号"（Sayanara）就停在多维尔的码头上。

到1913年时，多维尔声名远播。对美国人来说，它是法国的纽波特（Newport）；对欧洲人来说，它在夏季是蒙特卡洛（Monte Carlo）外的又一完美选择。人们去特鲁维尔的唯一原因就是多维尔的酒店已经全部满房。《纽约时报》（*New York Times*）报道称，"巴黎赛季一结束，多维尔就重拾了高品质生活"。美国人对巴黎毫无兴趣，而是径直前往被称为第21区（arrondissement）的多维尔。"在那里，只要支付五倍于首都价格的费用，他们就可以住进这个海边的人群拥挤的微型巴黎。"[1] 多维尔时尚、都市化，并且非常非常的富有。1913年的黄金周结束后，《纽约时报》的头条是："多维尔的沙滩上遍是珍宝。"[2] 富人们不仅仅在本周的大奖赛上炫耀自己的资产，他们也在百家乐赌桌上挥斥巨资，上流社会聚集的午餐会、晚宴和舞会的邀约不计其数。

当然，即使人们在百家乐赌桌或赛场竞猜中并没有获胜，购物也是他们最喜欢的消遣活动。富裕的贝尔蒙特家族（Belmont）、比德尔家族（Biddle）和凯洛格家族（Kellogg），以及许多王子、侯爵、伯爵夫人和公爵夫人都经常光顾市中心商店街，许多著名的巴黎时装师都在那里建立了分店。在比隆街（rue Gontaut-Biron）那里，靠近豪华的诺曼底酒店（Hotel Normandie）的地方，30岁的香奈儿在卡柏的再次资助下开了一家自己的帽子精品店。

和这里大多数的商店一样，香奈儿的精品店生意兴隆。有照片拍下了数十名男女顾客在门口排队的盛况，这里的女性时装反映出香奈儿在这一领域已经崭露头角。年长的女性喜好突出自己丰满的胸部和细腰，她们需要宽帽檐的羽毛帽子来达到视觉上的平衡。年轻女性则通常穿许多设计师几年前就开始采用的苗条款式：宽松的长夹克以及用

---

1 'Say Americans Ruin Deauville'，《纽约时报》（New York Times），1913年8月17日，第1页。
2 'Deauville Sands Blaze With Jewels'，《纽约时报》（New York Times），1913年8月24日，第1页。

简单的丝带装饰的硬草帽，色彩简单柔和。男性时装对女性时装的影响大约可以追溯到19世纪最后二三十年，许多年轻女性对男士穿的夹克（有些类似于骑马外套）表现出明显的偏爱，她们经常系上领带来搭配这些夹克。量身定制的西装通常由裁缝（talior）而不是制裙师（dress-maker）制作。这种定制西装在英国、法国和美国的各个阶层女性中都很流行，无论是有钱的社会名流还是工人阶级都会这样穿。这些女性拒绝装饰繁复的帽子，她们偏爱硬草帽，或在衣橱中添置几顶德比帽和软呢帽，甚至是骑师帽。19世纪90年代很常见的厚重长款衬衫、羊腿袖和束细腰的装扮，在世纪之交之后逐渐转向更加柔软宽松的打扮。

1912年秋，早在香奈儿的精品店开张之前，时尚记者就注意到"修身、略显轮廓"款式的流行。女士大衣看起来更像男性穿的款式：直筒形，不做收腰和轮廓修饰，只有一条松松垮垮的腰带束在腰部。一位美国女性穿上它，"看起来就像一个健壮的男孩"。而一位法国女性穿上它，则会"看起来像一个穿着男孩装扮的风情万种的女演员"。[1]

少年风格和雌雄同体的风格一样引发了非常多的议论。在香奈儿开设精品店的那一年，《纽约时报》的一位时尚记者有些焦虑地注意到年轻苗条的女性的时装与年长且体型

---

[1] 'What the Well-Dressed Woman is Wearing'，《纽约时报》（*New York Times*），1912年9月29日，第sm16页。

较大的女性的时装之间的区别。"在任何一场发布会上我都没有看到一件为40岁的美国女性设计的衣服。她们那群人有属于自己的身高、体型和庄严体面。现在她们该怎么办?"[1] 1912年,所有的时尚设计师都将时装专门设计给瘦弱、娇小的年轻女性,她们将女性气质重新定义为天真烂漫的青春期少女形态。

除穿上直筒连衣裙和西装外,这些女性还发明了一种新的步态,一种无精打采的慵懒的走路方式。

> 《纽约时报》报道说,"精修学校教授的优雅女性举止似乎已经过时了"。"1913年的冬天,那些聪慧的女性们不会正常走路。她们慵懒地往前挪移,双手都插在口袋里,这样衬衫前面的褶皱更加密集了一点。她们的肩膀往前带,而全身的重量则全部落在臀部上。据说,这种扭曲的外观是抛弃了紧身胸衣并穿着非常宽大的衣服的结果。"[2]

尽管香奈儿将抛弃紧身胸衣这一革命性的创举归功于自己,但在法国和美国被誉为"时尚之王"的保罗·波烈声称自己早在1903年就已经废除了这种内衣。他吹嘘说:"我的第一个革命之举便是将战火引向紧身胸衣,这是因着

---

[1] 'New Fashions not Greatly Different from Those of Spring',《纽约时报》(*New York Times*),1913年9月7日,第sm12页。

[2] 'Hands in Pockets New Paris Mode',《纽约时报》(*New York Times*),1913年10月6日,第3页。

自由之名。"[1] 除了保罗·波烈，极具前瞻性的卡洛姐妹（Callot Soeurs）时装屋的三位创始人玛丽亚·卡洛（Maria Callot）、玛特·卡洛（Marthe Callot）和雷吉娜·卡洛（Regine Callot）也都拒绝使用紧身胸衣。她们想要设计出舒适且优雅的晚礼服和日常装束。其他设计师则致力于为精力充沛的活泼女性设计运动服装。珍妮·帕坎（Jenne Paquin）拥有巴黎最大的时装屋之一，她在伦敦、布宜诺斯艾利斯和马德里都开有分店。帕坎为喜欢打高尔夫、开车以及打猎的女性设计服装。她设计了一种柔软实用，可以从早穿到晚的裙装，这样女性们就不用一天换好几次衣服。帕坎对黑色连衣裙的全新演绎，以及她对黑白两色的结合，也都早于香奈儿的创新。

不管怎样，香奈儿的帽子们款式新颖，很快就吸引了多维尔的大量消费者。随后，她很快又在店里面上架了毛衣和运动服装。男爵夫人凯瑟琳·德埃朗格（Catherine d'Erlanger）就是香奈儿的顾客之一。她是一位出色的装潢师。德埃朗格常常向朋友们推荐香奈儿的精品店。1914 年 7 月，受众甚广的时尚报纸《女装日报》（*Women's Wear Daily*）注意到了香奈儿，文章里称赞她的"毛衣非常有趣，其中包含着一些极有意思的元素。这些羊毛针织套头

---

[1] 引自布兰达·波兰（Brenda Polan）、罗杰·瑞杰（Roger Tredre），*The Great Fashion Designers*，2009 年，第 21 页。

衫的颜色极具吸引力，比如淡蓝、粉色、砖红色和黄色"。她还展示了黑/白相间和海军蓝/白相间的条纹毛衣，款式像水兵衬衫，有时还搭配着腰带。[1] 来自制造商罗迪纳（Rodier）的针织毛衣已经成为香奈儿的标志商品。但其实，这是香奈儿在战争开始时能够买到的最便宜的面料而已。然而，这些设计与她后来成名的纤细简约的款式几乎没有相似之处。1916年的《优雅巴黎女郎》（*Les Élégances Parisiennes*）中刊载了香奈儿的三套服装，包括宽下摆的长裙（full skirts，单内衬），配领带或腰带的刺绣水兵衬衫以及高跟鞋。美国的《时尚》（*Vogue*，其法文版直到1920年才出现）杂志上展示了香奈儿的一件大衣，"用内衬加大下摆的宽度，上部则用很厚的肩垫进行加宽。袖口有着非常有趣的喇叭形荷叶边"。[2] 至此，作为一名才华横溢的年轻时装设计师，香奈儿也因其新颖的时尚舞台和创新引起了人们的兴趣。

香奈儿也因其与客户交往的能力而声誉倍增。如果说香奈儿和巴桑一起在皇家地庄园的时候非常沉默寡言，那么在巴黎和多维尔的时候她与卡柏的相处则要放松随意得多。香奈儿不想仅仅做一个店主，她提出了一个新的宣传策略：她本人、安托瓦内特和阿德丽安娜（后面两者都在为香奈儿工作），三个人走到哪都要穿着香奈儿设计的衣

---

[1] 《女装日报》（*Women's Wear Daily*），1914年7月27日。
[2] 《时尚》（*Vogue*），1916年2月1日，第37页。

服。她们年轻富有魅力，会成为香奈儿这些服装和帽子的活生生的模特。这些装扮之前都只是时尚杂志里刊登的样板画，现在人们可以看到这些衣服穿上身的实际效果，以及在日常生活中穿出门——去看比赛、去赌场、去饭店或是去沙滩的时候，又会是什么样子。

在拥有了一家时装屋以及巴黎和多维尔的两家精品店之后，香奈儿没有停下赚钱的步伐。她学着其他设计师的样子，1915年在度假小镇比亚利兹（Biarritz）又开了一家精品店。香奈儿第一次造访这个地方便是和卡柏一起。

比亚利兹也是法国海边的一个小镇，靠近西班牙的比利牛斯山脉（Pyrenees）。这里是军火商和西班牙有钱人的度假天堂。卡柏又一次为香奈儿提供了大量的资金支持。她租下了一座地理位置极佳的别墅，就在一家赌场的正对面。这家精品店比起多维尔的那家，空间更大，商品种类也更多。香奈儿雇用了六十多名缝纫师，购买了大量的布料，包括原先罗迪纳的廉价针织套头衫，进而推出了自己的产品线：运动服装和优雅连衣裙。香奈儿的定价非常高，即使对高定时装来说也显得非常昂贵。裙子的售价为6000或7000法郎（约218英镑），这相当于一个普通工人半年的工资。她直觉性地感知到，如果顾客们需要付出更多的钱来购买她的衣服，那么她们也会认为她的产品更有价值。人们常常形容香奈儿的衣服是"昂贵的简约风"。波烈嘲讽地将其称作"豪华的贫瘠"[1]。

一位女设计师要在战争时期售卖服装,这需要很强的毅力。时尚杂志在介绍着装礼仪时都充满歉意。《女性》(Femina)杂志还为人们提供穿着丧服时的一些建议。即使是在战火并未波及的美国,曼哈顿(Manhattan's)第五大道(Fifth Avenue)上的人们似乎也对时装提不起兴趣。1917年,《时尚》报道说,"巴黎突然陷入阴霾"。当士兵们在比利时不断战死的时候,晚礼服显得那么不合时宜。"只要凡尔登(Verdun)和索姆河(Somme)的枪炮还在轰鸣,人们就不应该佩戴任何珠宝……当一部分人日没夜辛勤地制造弹药时,巴黎的另一部分人却穿着精美的衣服在歌剧院里观看演出,这完全不合适。"[2] 每晚六点之后商店就不能再用电,因此精品店里都点起了蜡烛。《时尚》评论说,最后的效果显得非常迷人,但对巴黎人来说,这样消耗蜡烛只是加剧了物资的匮乏。

尽管战争带来了阴霾,设计师们却仍然致力于设计出满足女性需求的新服装:裙子变得更窄了,但由于褶皱的存在和低调的开衩,女性可以更加轻松地在城市中走动:步行在汽油配给制期间是必须的。"我们已经走了整条林荫大道,但令我们沮丧的是,由于没有出租车,我们又走了

---

[1] 引自瓦莱丽·斯蒂尔(Valerie Steele),'Chanel; "L'Élégance, C'est Moi"', *Women of Fashion: Twentieth-Century Designers*,1991年,第44页。
[2] 《时尚》(*Vogue*),1917年1月15日,第32页。

回去",《时尚》的一位作者抱怨道。[1] 由于士兵制服需要羊毛,因此羊毛对设计师来说变成了稀缺资源。缎子和丝绸重新流行起来。披风和大衣用丝绸做衬里,这样可以帮助女性在供暖紧张的地方保持温暖。米色和灰色是大部分设计师能提供的颜色选择。

1918年的夏天,所有由双绉(crêpe de Chine)制成的柔软服装都长得几乎一模一样。似乎每个人都穿着宽松的连衣裙或外套,系着腰带,或是让腰带垂于腰的下方。很多设计师都以刺绣为特色。刺绣元素的流行大约在1909年就开始了,也就是俄罗斯芭蕾舞团在巴黎首演之后。让娜·浪凡的剪裁西装看起来像谢吕(Cheruit)的,后者看起来又像是香奈儿的。查尔斯·弗雷德里克·沃斯(Charles Frederick Worth)卖一些丝绸、棉和羊毛的针织套头衫。帕坎(Paquin)设计出了一款非常大胆的探戈裙。到了1918年的秋天,女性的形象发生了巨大变化,因为她们剪起了短发。女演员艾琳·卡斯尔(Irene Castle)在1913年就剪了著名的波波头,但这种造型花了几年时间才流行起来。《时尚》认为这个造型不适合任何超过25岁的人,但它也不得不承认这种发型带来的方便。不时的空袭迫使女性常常在半夜惊醒冲进防空洞。而长期的热水短缺让女性洗澡或是洗头都变得很困难。这让剪短发看起来非

---

[1] 《时尚》(Vogue),1917年5月15日,第48页。

常合理，或是至少让人们逐渐相信剪短发有着某种合理的原因。同时，短发造型牢牢抓住了插图师的心。这些插图师总喜欢绘制更年轻的女孩形象，现在，他们给笔下的女孩换上了波波头，也越来越多地给她手里添上一支香烟。

1918年，巴黎这座城市逐渐从寒冷、黑暗的冬天中走出来。无论女性选择穿什么样的衣服，她们都会带上两个小玩意儿来装扮一下。它们像别针一样被悬挂着，或是和一根绳子相连，也可以用作项链的吊坠戴在脖子上。这些小玩意儿可以用来装饰雨伞，或者挂在手提包上，又或者钉在帽带上。这两个小玩意儿就是内内特（Nénette）和任丁丁（Rintintin）。它们是用纱线和丝线制成的玩偶，一男一女，一个蓝发一个红发，一个浑身紫色一个浑身橙色。内内特穿着芭蕾舞裙一样的短裙；任丁丁的头发非常短紧贴头皮，后来经常被误认为是非洲人。它们是帕坎手下的一位缝纫师设计出来的好运饰品。帕坎称它们是"对抗哥达斯（Gothas，德国轰炸机）的护身符"。朋友们互相打招呼的时候都会问："你有内内特和任丁丁了吗？""如果没有，当心炸弹。"几个月之内，内内特和任丁丁便到处都是，尤其是在战场上。留在法国的女人们将它们送到正在前线的士兵爱人手里，包括那些美国士兵。战争刚刚结束的时候，这两个小玩意儿就被做成了精美的珠宝：它们被镶上钻石，用一根铂金链子拴着，挂在珐琅手镯上摇摇晃晃，或是被装进水晶小盒挂坠里。[1]

在战争造成前所未有的伤亡后，许多设计师推出的第一个时装系列都主打黑色就显得毫不奇怪了。香奈儿也不例外。然而，即使在全民哀悼的时期，一种热情洋溢的复兴精神也逐渐浮现。1919 年春《时尚》宣告："巴黎已经载歌载舞，等待着发布会的到来。"

时尚杂志刊登了两种人的婚纱：一种是首婚女子，她们的新郎是年轻的军官们；另一种则是守寡后再婚的女人。并且，很快就出现了适合年轻妈妈的时尚版块。

女设计师们虽然业务繁忙，但仍然担心利润问题。劳动力成本上升了，即便在香奈儿这里裁缝师、女售货员和时装模特的工资是出了名的低。同时，面料的成本也上升了。[2] 年复一年，法郎逐渐贬值。战时限制一解除，英美撤回了援助，法郎便急剧贬值。法郎对美元的汇率，到 20 世纪 20 年代时已经从战前的 5∶1 跌到 25∶1。1929 年美国大萧条的影响稍晚才到达法国。虽然一战后法国的工业强势复兴，但当经济危机最终袭来时，它还是对依赖出口的产业带来了巨大的打击，香奈儿的公司正是其中之一。

除了经济压力，香奈儿也时刻关注自己的竞争对手，其中让·帕图（Jean Patou）让她最为恼火。帕图只比香奈

---

1 《时尚》（*Vogue*），1918 年 8 月 1 日，第 40 页。《纽约时报》（*New York Times*），1919 年 2 月 2 日。Rintintin 的名字来源于一只德国牧羊犬，它是被一位美国军官在巴黎发现的，当时它被遗弃在一堆垃圾之中。
2 《时尚》（*Vogue*），1919 年 3 月 15 日，第 35 页。

儿大几岁,他一向以都市人的身份而闻名。他的情人们都是年轻且富有魅力的女子,正和香奈儿一样。1914年帕图本来刚要开自己的时装屋,结果就应征入伍,并在军队中服役了五年。当他终于在1919年重启自己的生意后,其推出的设计都异常简约,结合了一些男装的面料和款式,并且总体来说都偏向运动元素,这使得他的设计吸引到的顾客大多是原先香奈儿的老顾客。

和香奈儿一样,帕图不会画画,他是在模特身上创作设计的。他和一群在类似"实验室"的地方工作的团队合作,交流想法,以得到最终的草图。他同样在意香奈儿的存在,正如香奈儿对他一样。据《时尚》编辑埃德娜·伍尔曼·蔡斯(Edna Woolman Chase)说,帕图将香奈儿视为自己的敌人。每当他认为《时尚》给了香奈儿太多的版面时,他就会情绪激动地抱怨。最后,蔡斯不得不威胁帕图,如果他不停止抗议就不会在杂志中再提及他。

帕图对赌博和女色的沉迷最终导致他的时装屋遇到了巨大的金融危机。如果说帕图的社交活动最终被证明对他的生意毫无帮助,那么香奈儿在法国社会中日渐显要的地位则被证明对她的生意来说是个巨大的福音。香奈儿的地位不仅取决于她与有钱男人的关系,还取决于她与一位坚强、霸道的女人的关系:米西娅·戈德斯卡(Misia Godebska)。所有的香奈儿传记作者都认为,香奈儿的个人和职业生活在很大程度上是由她与米西娅的深厚友谊所形塑的。米西娅是一位出生于波兰的移民。她极具艺术抱负，想成为一名独奏钢琴家，而她的钢琴老师也认为她完全有这样的天赋。但在她21岁时，米西娅冲动地决定嫁给她的表弟，即银行家塔迪·纳塔松（Thadée Natanson）。纳塔松创办了颇具影响力的杂志《白色评论》（*La Revue Blanche*）。米西娅旋即被卷入了巴黎的文化漩涡，结识了斯蒂芬·马拉美（Stéphane Mallarmé）、圣约翰·珀斯（Saint-John Perse）、克劳德·德彪西（Claude Debussy）、埃里克·萨蒂（Erik Satie）、让·谷克多（Jean Cocteau）和马塞尔·普鲁斯特（Marcel Proust）等艺术家。她给维亚尔（Vuillard）、雷诺阿（Renoir）和博纳尔（Bonnard）当过模特。诱人、戏多且美丽的米西娅引起了很多关注，而丈夫纳塔松在她眼里也显得越来越呆板。很快，她就与更加光彩照人、更加富有的阿尔弗雷德·爱德华兹（Alfred Edwards）交往了。后者是《晨报》（*Le Matin*）的所有者。米西娅与纳塔松的离婚提供了很多八卦素材，而1905年她与爱德华兹的婚姻也是如此。

与爱德华兹在一起后，米西娅进入了更广阔的艺术世界和圈子。她很喜欢伊戈尔·斯特拉文斯基和谢尔盖·佳吉列夫。伯爵们和男爵们都在她家吃过饭。但事实上，爱德华兹是一个不忠的丈夫。1909年，在丑闻缠身中，米西娅与爱德华兹离婚了。不过很快，她找到了继任者：富有的加泰罗尼亚画家何塞-玛丽亚·塞尔特（José-Maria

Sert)。在新任塞尔特夫人多元化的朋友圈之中,莫里斯·萨克斯(Maurice Sachs)是一位常客。他写道:"如果一个人想要知道谁是巴黎社会关系最复杂的女人,谁最了解欧洲社会的推崇对象,谁和作曲家们、画家们、诗人们、政治家们、作家们、雕塑家们、音乐家们和演员们有着深厚的友谊,那么他最终都会找到塞尔特夫人。"[1]

根据各种说法,米西娅都被描述为一个易怒的人。外交官菲利普·贝特洛(Philippe Berthelot)说:"她会给天才们以灵感。就像有些国王知晓如何培养出征服者一样,她知道如何用自己的生命力,如何几乎不可见地轻撬她的魔杖,来激发那些天才们。"她"贪婪又慷慨,吞噬数百万金钱。她哄骗别人,是一个恶棍。她狡猾又精明,褒贬别人只需一瞥……米西娅就像沙发一样看上去柔软舒适。但如果你寻求在沙发上得到片刻休憩,这个沙发就会把你推向地狱"[2]。保罗·莫朗则将米西娅描述为一个女人:

(她)喜怒无常、古怪、贪婪。她收集天才……她收集心灵,也收集明代粉红石英雕刻的树。每当她最新的喜好流传出去,便会在她的追随者中间引发新的潮流。她的喜好被设

---

[1] 莫里斯·萨克斯(Maurice Sachs),*The Decade of Illusion: Paris, 1918—1928*,格莱迪斯·马修·萨克斯(Gladys Matthews Sachs)译,1933年,第158~159页。
[2] 引自皮埃尔·加兰特(Pierre Galante),*Mademoiselle Chanel*,艾琳·吉斯特(Eileen Geist)、杰西·伍德(Jessie Wood)译,1973年,第42页。

计师们利用，被记者们大书特书，被每一个头脑空空的上流社会女性模仿。

她才华横溢，但也阴险狡诈，诡诈残忍。[1]"总而言之，米西娅是天使和母老虎的迷人结合。"摄影师霍斯特·P. 霍斯特（Horst P. Horst）回忆道。他并不是唯一注意到米西娅情绪多变的人。"作曲家埃里克·萨蒂将她描述为"一只可爱的猫——所以把你的鱼藏起来吧"。谷克多对她"温柔而残忍的脸"赞不绝口。米西娅爱慕他，规劝他，但也对他颐指气使。[2] 霍斯特说，每个人都向她寻求建议，她对此都是免费相助，通常在需要时还会提供经济帮助。[3]

米西娅于1917年遇到香奈儿时已经45岁了。此时她正做着她最擅长的事情：控制他人的生活。此时的香奈儿34岁，相对来说还显稚嫩。但根据她自己的说法，她仍在胆怯地观察世界，尽自己最大的努力以便可以在卡柏的世界中找到自己的位置。她感觉自己并非总能被顾客中的那些名流接纳。香奈儿的一个朋友回忆道："在店里她们都会和香奈儿打招呼问好，但上流社会的女性在其他场合不会

---

[1] 保罗·莫朗（Paul Morand），*Venices*（1971年版），尤安·卡梅隆（Euan Cameron）译，2002年，第121~122页。
[2] 霍斯特·P. 霍斯特（Horst P. Horst），*Salute to the Thirties*，1971年，第163页。
[3] 同上，第12页。

和她说话,比如看比赛的时候。这样的行为当然让她很难受。她的余生都受到这件事的影响。"[1] 香奈儿发现聚集在米西娅周围的艺术家们、作家们和演员们更容易接纳她。但即使在他们中间,香奈儿也感到胆怯,很少说话。如果过去香奈儿是向卡柏寻求帮助,那么现在她有了另一位渴望门徒的新老师。米西娅也将香奈儿视为自己的新计划。

香奈儿和米西娅可能是在女演员塞西尔·索雷尔(Cécile Sorel)举办的晚宴上认识的。其他客人包括米西娅当时的未婚夫何塞-玛丽亚·塞尔特、菲利普·贝特洛(Philippe Berthelot)和他的妻子,以及让·谷克多。香奈儿可能是被"男孩"卡柏带去参加晚宴的。当时卡柏以政治家的身份经常往返于伦敦和巴黎之间。卡柏刚刚出版了一本书,《对胜利的反思》(*Reflections on Victory*),在其中他提议建立一个英-欧联盟,以实现和维护欧洲和平。比他的著作更重要的是,卡柏在英国首相大卫·劳合·乔治(David Lloyd George)与法国总理乔治·克里孟梭(Georges Clemenceau)之间担任联络人,帮助两人协商共同制定军事和政治战略。1917年11月,卡柏出任英国驻法国代表团的政治秘书,这让他有了更多的与香奈儿在巴黎相处的时间。

香奈儿可能在担忧他们的未来,但她也可能意识到了

---

[1] 亨利·贝因斯坦夫人(Mme Henri Bernstein),引自皮埃尔·加兰特(Pierre Galante),*Mademoiselle Chanel*,第83页。

他们在一起并没有未来，因此开始撤回感情。香奈儿后来回忆说，两人刚在一起的时候，她曾经想给卡柏生一个孩子。但在她觉得自己的子宫"无法受孕"并四处求医之后，这个愿望也就烟消云散了。一位助产士给她做了手术，但失败了。她看到一名外科医生慌慌张张地赶来参与手术的时候就知道她永远都无法怀上孩子了。[1]

然而她和卡柏还是收养了一个孩子——她姐姐茱莉亚的儿子。当茱莉亚发现丈夫出轨有了一个情妇后便自杀了。在安德烈·帕拉塞（André Palasse）6岁时，卡柏就安排他去博蒙特（Beaumont）就读。这是一家英国的寄宿学校，卡柏自己就曾经就读于此。从某种意义上来说，安德烈变成了香奈儿和卡柏两人无法拥有的那个亲生孩子。但这个孩子并不能巩固两者的感情，很快两人的关系便结束了。在"男孩"卡柏与香奈儿在一起将近八年之后，他遇到了另一个女人：25岁的戴安娜·李斯特·温德姆（Diana Lister Wyndham）。戴安娜是里布尔斯代尔勋爵（Lord Ribblesdale）的女儿，同时也是一位寡妇，她的丈夫在一场早期的战斗中牺牲了。她和卡柏很快就订婚，并且两人也计划很快就结婚。香奈儿后来宣传的故事是她对两人的婚姻给予了祝福，甚至是促成了这场婚姻。很显然，香奈儿偿还了卡柏当年借给她的钱。一些传记作者将她的这一姿

---

[1] 克劳德·德莱（Claude Delay），*Chanel Solitaire*，芭芭拉·布雷（Barbara Bray）译，1974年，第184页。

态视为一种"独立宣言"[1]。但是对香奈儿而言，经济上的独立与感情中的独立并没有什么关联。她当然希望能自给自足，但同时她也渴望自己能爱与被爱。

卡柏和戴安娜于1918年10月结婚。大多数传记作者都认为他在订婚期间、婚后甚至妻子怀孕之后都一直与香奈儿有来往，尽管彼时有人在巴黎看到香奈儿和一个富有的阿根廷花花公子在一起。她自称和毕加索（Picasso）互相吸引，两人是因米西娅的介绍而结识。但香奈儿一生都认为卡柏是她的真爱，她告诉保罗·莫朗："卡柏对我而言，是父亲，是兄弟，是我的全部家人。"[2] 但这份爱还是失败了，不仅仅是因为卡柏的婚姻。1919年12月，卡柏在前往戛纳的路上死于车祸。香奈儿伤心欲绝，悲痛欲绝。她再次感到自己被抛弃了，就像她曾经被父亲抛弃一样。再一次，她感受到了母亲去世时那种压倒她的情绪。

米西娅宽慰了她。香奈儿说，米西娅是爱她的。米西娅是她唯一的女性朋友。香奈儿说，米西娅能理解她，并且同样希望得到香奈儿的感情回应。香奈儿解释道："这份爱，来自一种伟大的本性之中的慷慨，以及毁掉她所付出的一切时那种恶魔般的快感。"她们感知到了彼此内心深处

---

[1] 阿克塞尔·马德森（Axel Madsen），*Chanel: A Woman of her Own*，1990年，第89页。
[2] 保罗·莫朗（Paul Morand），*The Allure of Chanel*（1976年版），尤安·卡梅隆（Euan Cameron）译，2008年，第38页。

的秘密,以及两人不约而同的口是心非。也许她们还感知到了一种自我厌恶。香奈儿在谈到米西娅时说:"对于她自己,她是厌恶的。对于那些男人们,她有着足够的迂回技巧和自我推销策略,时刻保持着警觉。"[1] 这或许也是香奈儿在描述自己。

---

[1] 保罗·莫朗(Paul Morand),*The Allure of Chanel*(1976年版),尤安·卡梅隆(Euan Cameron)译,2008年,第66页。

3 疯狂

> 她是一名将军,法兰西帝国那些被征服精神所支配的年轻将军们中的一员。
>
> ——莫里斯·萨克斯(Maurice Sachs),1933[1](原文为Sach,疑刊误)

战结束之后,欢欣重临。"在接下来的七年里,"莫里斯·萨克斯写道,"商店宾客盈门,剧院人满为患,大街上也是游人如织"。在那时:

> 每个人都是钱多得无处使的收藏家,而所有的收藏品都会立刻升值,无论它的品质究竟如何。快钱使得艺术迎来了短暂的沸腾。艺术成为一种无根的狂热,以至于在这种狂热消退之后,艺术创作反而陷入困顿。人们必须活在疯狂(à la

---

1 莫里斯·萨克斯(Maurice Sachs),*The Decade of Illusion:Paris, 1918—1928*,格莱迪斯·马修·萨克斯(Gladys Matthews Sachs)译,1933年,第155页。

folie)之中,这成了当时默认的准则。[1]

香奈儿也被卷入了这种疯狂,36岁的她从未像现在这般迷人。美国《时尚》杂志称,香奈儿似乎"对当今的女性形象有着非凡的洞察力"[2]。这是一个精力充沛,躁动不安,苗条且年轻的女人。随着香奈儿的名声不断显赫,20世纪20年代有一个形容词被反复提起,这便是"年轻"。《女装日报》(Women's Wear Daily)称:

> 香奈儿的款式实穿起来显得年轻而活跃,比如小加尔松(Garçonne)型真丝连衣裙,它青春洋溢,同时也适合户外运动穿着。巴黎一些喜好走路、打高尔夫球以及骑摩托车(motor à l'anglaise)的中年已婚女性非常喜欢它。[3]

其他设计师和香奈儿一样,也偏好使用灰褐色、灰色和暗褐色,他们的连衣裙也是"短款衬衣裙"的年轻款式。比如芮妮夫人(Madame Renée)的衣服就很受美国买家的欢迎,他们喜欢她"直筒低腰、略显宽松"的开领款式。[4] 1923年,《女装日报》得出结论:"聪明的女性想要年轻的

---

[1] 莫里斯·萨克斯(Maurice Sachs),*Witches' Sabbath*(1960年版),理查德·雷华德(Richard Howard)译,1964年,第69~70页。
[2] 《时尚》(*Vogue*),1920年8月1日,第35页。
[3] 《女装日报》(*Women's Wear Daily*),1924年2月1日。
[4] 同上,1922年2月24日。

轮廓外观，同时也兼顾舒适性。而在今天，她们做到了。"[1] 设计师们在战前甚至就已经模糊了性别边界，将男士夹克、衬衫和领带融入他们的女装样式之中。但到了战后，雌雄同体的身体成了很多女性的理想身材。香奈儿最忠实的公关发言人让·谷克多和许多人一样，对此有着自己的解释。他认为高级定制时装长期以来一直受到像波烈这样的设计师的影响。他的哈伦裤和刺绣束腰外衣看起来很时髦怪诞，甚至像戏服一样夸张。波烈热爱女性，他为她们披上华服。但战争让这种恣意随性看起来脱离实际。女性不再需要这些幻想，而香奈儿相信自己知道她们想要什么。谷克多写道："她是第一个了解到女性有多疲倦以及她们需要重新做回自己的人。她是第一个煽动引发了这场混乱的人，但新的秩序也从中产生。"这场混乱的核心遍是雌雄同体。谷克多将其总结为"头发必须剪短成波波头的样式，胸部和臀部也必须被隐藏起来。女性必须尽可能地看起来像年轻男性，后者正是曾经保护她们免受侵害的人"。谷克多将香奈儿创造出的这种形象称为"一种暴力性的简约"（a violent simplicity），而她本人正是这一形象最好的模特。[2] 除这种观点外，没有证据表明女性将自己等同于士兵。但有证据显示战争将她们推向

---

[1] 《女装日报》（*Women's Wear Daily*），1923 年 2 月 23 日。
[2] 让·谷克多（Jean Cocteau），'From Worth to Alix'，《时尚芭莎》（*Harper's Bazaar*），1937 年 3 月，第 147 页。

了市场,进而进入被《时尚》称为"热衷活动的艰苦生活"之中。[1]

《时尚》杂志编辑埃德娜·伍尔曼·蔡斯指出,并非所有女性都能有幸穿上香奈儿的设计。"但这就是她的魅力,这就是时尚的力量。整个 20 世纪 20 年代里,即使是那些最不可能的女性也将自己带入了海市蜃楼一样的迷境。在那里,她们和这位设计师一样苗条且少女。"[2] 当她们照镜子时,她们看见的是香奈儿本人,即出现在时装杂志上的那位迷人的香奈儿。"嘉柏丽尔·香奈儿的设计与她本人一样年轻时尚"——美国和法国版的《时尚》都用了这句话作为香奈儿肖像的标题。肖像里香奈儿戴着罗缎丝带帽子,"非常漂亮的胸针和美丽的珍珠耳环"[3]。她的眼睛几乎完全被钟形帽的边缘遮住了。她的皮肤光洁无瑕,烈焰红唇。她看起来极其迷人。

有些女性沉迷于照镜子时可能会看到的幻境,但其他女性则决心按照这一新风格来重塑自己的形象。尽管法国版《时尚》告诫说"优雅并不一定等同于苗条",但许多女性已决心改变自己。[4] 曾经致力于将女性勒成沙漏形状的

---

1 'A Perfect Wardrobe for the Sportswoman',《时尚》(*Vogue*),1923 年 5 月 15 日,第 53 页。
2 埃德娜·伍尔曼·蔡斯(Edna Woolman Chase)、露卡·蔡斯(Ilka Chase),*Always in Vogue*,1954 年,第 183 页。
3 《时尚》(*Vogue*),1923 年 5 月 15 日,第 41 页。法国版《时尚》(*French Vogue*),1923 年 5 月 1 日,第 22 页。
4 法国版《时尚》(*French Vogue*),1925 年 6 月 1 日,第 23 页。

紧身胸衣被用以将女性的胸部和臀部压成细长直线的紧身胸衣取代了。《时尚》告诉女性，只有紧身胸衣才能让她"获得那种备受追捧的无束身效果"[1]。对一些女性来说，这一目标可以借由自律、自制和自我否定完成。简言之，严格地节食。时尚杂志敦促女性掌控自己的思想，顺便也掌控自己的身材。新潮的饮食计划比比皆是，一些人甚至建议女性每天摄入少于 700 卡路里的热量。

一个更加激烈的解决身材问题的方案是整容手术。战前，女性可以选择穿那些或多或少能隐藏自己身材或身体缺陷的衣服。但战后的衣服款式则勾勒出胸部、臀部和腿部的曲线。除穿着紧身内衣外，一些女性还通过手术来获得苗条的长腿。这样当裙摆卷起到膝盖时就可以炫耀地露出来了。美腿被认为相当的诱人、性感和优雅。苗条、光滑的小腿尤其显得年轻。一个女人没有一双美腿的话，又怎么能吸引到男人？她又怎么能得到一份好工作？欧洲和美国的整容外科医生都发现自己面临着一个新客户群体：一群有着严重心理和情绪困扰的女性，一群讨厌自己身体的女性。

这场瘦身热中的悖论并不是紧身内衣可以塑造出一种无束身的效果，而是女性们似乎认为她们新近瘦削下来的身体反而是她们社交和心理自由的证据；变成一个平胸小

---

[1] 'The Importance of the Corset Today',《时尚》(*Vogue*)，1923 年 9 月 15 日，第 94 页。

臀的模特形象反而彰显了她们自身的个性；看起来像一个青春期少男反而显示了一种新定义出来的女性气质。当然，女性相信一个单薄的身体是性自由的必要条件，这让她能够吸引到爱慕者们，让她可以在其中自由挑选并且最终抛弃他们。香奈儿的部分传奇将这种性自由归功于她，好像她在自己的每段感情纠葛中都处于强势地位，随自己的心意结束这些感情，拒绝男人们热忱的求婚。这一切都是为了她自己的事业不受影响，而事业就足够让她感到满足。然而，她却一次又一次地坚称，女人是因为被爱而快乐。"很少有人会有这种怀疑，"香奈儿在八十多岁时告诉约瑟夫·巴里（Joseph Barry），"但我一生都未尝过幸福的滋味。"[1]

香奈儿声称自己每天晚上待在家里，并没有参与战后巴黎的疯狂社交生活。这部分是因为她自称的害羞，部分则是因为她希望每天都能保持头脑清醒警觉，为工作做好准备。然而很多目击者都见过她出席各种社会和艺术活动，也在她自己的豪华私人晚宴上见过她的身影。特别是在20世纪30年代，她常常举办奢华派对。香奈儿有很多追求者。从1919年卡柏去世到1924年她结识威斯敏斯特公爵为止，这期间香奈儿一共与三个男人有过关系：伊戈尔·斯特拉文斯基、俄国流亡大公德米特里·帕夫洛维奇

---

[1] 约瑟夫·巴里（Joseph Barry），'An Interview with Chanel'，《麦考尔》（McCall's），1965年11月，第170页。

（Grand-Duke Dmitri Pavlovich）和诗人皮埃尔·勒韦迪（Pierre Reverdy）。传记作者称她与斯特拉文斯基的恋情发生在1920年9月至1921年5月之间，她在1920年至1924年期间与勒韦迪保持联系，以及她在1921年与德米特里有过会面。这些同时发生的恋情应该让香奈儿很繁忙。同时鉴于斯特拉文斯基和勒韦迪都已婚，这些幽会也很费周章。这些关系中，至少有一部分可能是重叠的。

1920年9月下旬，斯特拉文斯基和他的妻子卡佳（Katya）以及他们的四个孩子到了巴黎，试图在此找到一个住处安顿下来。春天的时候他与香奈儿已经经由米西娅的介绍而结识，后者最近刚刚在巴黎郊外的加尔什（Garches）买了一栋别墅，即"绿色气息"（Bel Respiro）。香奈儿将其借给斯特拉文斯基和他的家人们暂住，方便他们寻找合适的永久住所。两人的恋情随即开始，斯特拉文斯基声称他将这一切都对其家人保密。不过，据说卡佳已经容忍了她丈夫的许多次出轨，她认为支持和原谅一个天才男人是她的责任。一位斯特拉文斯基的传记作者推测，香奈儿和斯特拉文斯基是在丽兹酒店（Hotel Ritz）幽会的，香奈儿在那里拥有一套公寓。虽然她把"绿色气息"交给了斯特拉文斯基，但她似乎仍时不时到访。香奈儿很可能听过斯特拉文斯基亲自为她演奏的《春之祭》（*Le Sacre du Printemps*）。而正是在这段感情期间，香奈儿送给佳吉列夫一大笔钱，让其继续改编这首曲子。

一位历史学家将斯特拉文斯基描述为"一个花花公子，好色之徒"。1921年，佳吉列夫将他介绍给维拉·苏代伊金娜（Vera Sudeikina）认识。维拉是他最长寿的情人，并最终在卡佳因肺结核去世后成为他的第二任妻子。在香奈儿之前和之后，斯特拉文斯基都还有许许多多的情人。被描述为身材矮小，"具有厚重的斯拉夫特征"的斯特拉文斯基在自身的着装上"非常挑剔和自我意识过剩。他每天锻炼身体，肌肉发达。他明明很健康，却总是怀疑自己有病"。他疯狂地节食，只吃生蔬菜，包括生的土豆。斯特拉文斯基虚荣又渴望赞美，而香奈儿则认为男人应该像孩子一样被对待。她热切地赞美斯特拉文斯基，充满同情地听他讲对自己健康的诸多忧虑，并试图用精品店的衣服作为礼物让他开心。当斯特拉文斯基因为排练厅很冷而害怕自己会得感冒时，香奈儿便给他买了一件小羊皮外套。和斯特拉文斯基的妻子一样，香奈儿也认为他是个天才，值得一切的纵容。

即使斯特拉文斯基的家人对两人的联络并不知情，对米西娅·塞尔特而言也绝对不是什么秘密。米西娅很不高兴，既因为香奈儿没有向她透露这件事的细节，也因为这件事本身。她满怀责备地问香奈儿："你在做什么？""你要去哪儿？"这不是第一次米西娅表现得好像在与香奈儿竞争成为艺术家的情人这件事或者成为艺术赞助人这件事。香奈儿后来讲述这件事时说米西娅试图在两人的关系中挑拨离间。她对香奈儿坚称斯特拉文斯基打算与卡佳离婚并娶自己。她又告诉斯特拉文斯基香奈儿遇到了一个新人,一个俄国公爵。这让斯特拉文斯基妒火中烧。

无论香奈儿对这场外遇抱有什么希望,她后来都把它看作一次对双赢的短暂放纵。香奈儿相信是她改变了斯特拉文斯基的生活,将他从一个害羞谦逊的男人变成了"戴着单片眼镜的硬汉;从受害者变成征服者"。他获得了商业意识,并学会了捍卫自己的艺术兴趣。[1] 彼时,他人将斯特拉文斯基视为一个完全了解自身天赋又能够表现得谦虚的人;一个已经可以自我推销、获得公众关注但仍然渴望他人赞赏的人;或者,他学会了香奈儿的一些行为举止。

香奈儿又在这短暂的纠葛之中得到了什么呢?香奈儿说她所知道的一切和音乐有关的东西都来自斯特拉文斯基。他也坚定了香奈儿关于幸运数字以及魔法护符的信念。和香奈儿一样,斯特拉文斯基也非常迷信,他经常在汗衫上贴护身符和宗教勋章。1925年他从非洲回来,重拾对教会的(自私的)信仰。他的儿子苏利马(Soulima)痛苦地记得,斯特拉文斯基强迫全家人在圣像前祈祷。这似乎是种表演,而且没有丝毫诚意。[2] 但对香奈儿来说,斯特拉文斯基的这种敬虔令人感动。他给了香奈儿一个俄国圣像,

---

[1] 保罗·莫朗(Paul Morand),*The Allure of Chanel*(1976年版),尤安·卡梅隆(Euan Cameron)译,2008年,第127、129页。
[2] 查尔斯·M. 约瑟夫(Charles M. Joseph),*Stravinsky Inside Out*,2001年,第74页。

而香奈儿终生将其放置在自己的枕边。当两人的恋情结束之后，斯特拉文斯基和一位歌舞表演者迅速好上了，不久之后又与维拉·苏代伊金娜在一起了；而香奈儿则与德米特里有了一段新感情。1921年春，斯特拉文斯基举家离开了加尔什。

歌剧歌手玛特·达维利（Marthe Davelli）是香奈儿最早的顾客之一，正是在她举办的派对上，香奈儿结识了德米特里·帕夫洛维奇大公。正在流亡的德米特里是俄国沙皇尼古拉（Tsar Nicholas）的堂兄弟，据传他谋杀了阴险的皇家顾问拉斯普京（Rasputin）。尽管德米特里承认他亲眼目睹了拉斯普京的谋杀，但他声称他实际上并没有参与这件事。尽管如此，德米特里同样认为消除拉斯普京在俄国国会的影响力符合国家的最高利益。然而沙皇尼古拉并不这么认为，他流放了德米特里。这个故事增添了德米特里的魅力，他在法国上流社会中受到了热烈的欢迎。

达维利告诉香奈儿德米特里是自己的情人。但香奈儿的传记作者们都记录了这样一句话——他变得太费钱了，如果香奈儿对他感兴趣的话，可以把他领走。当时25岁的德米特里比香奈儿小了十一岁。正如康苏埃洛·范德比尔特（Consuelo Vanderbilt）所记得的那样，不可否认德米特里非常有吸引力："（他是）一个非常英俊的男人，窄窄的脸庞白皙而光滑，长着一双蓝色的眼睛，五官十分精致。

他如野兽一般轻手轻脚地行走,平衡又优雅地移动。"[1] 德米特里英俊潇洒,有着贵族的头衔,同时也名草无主,香奈儿当然对他感兴趣。

很快,德米特里就被安置在了加尔什,取代了斯特拉文斯基。两人在1922年夏天租了一座俯瞰大西洋海岸的别墅。他们是郎才女貌的一对,照片中的两人深情地对望着。但德米特里的眼神也经常飘去他处。1926年,在凡尔赛宫(Versailles)的一场茶会上,他遇到了22岁的美国女孩奥黛丽·埃默里(Audrey Emery),她是已故的辛辛那提千万富翁约翰·乔赛亚·埃默里(John Josiah Emery)的女儿和继承人。

美丽又富有的奥黛丽成为德米特里热烈追求示爱的焦点。在订婚两周后,他们就在比亚利兹的俄国教堂结了婚。奥黛丽改了俄文名字"安娜"(Anna),她便是后来的罗曼诺夫斯基-伊林斯基公主(Princess Romanovsky-Ilyinsky)。这场婚礼非常盛大,许多流亡的俄国贵族成员都前来参加。新娘戴的蕾丝面纱是德米特里的母亲和姐姐都曾在自己的婚礼上戴过的。婚礼上新娘手捧一束白兰花,她的婚纱则是慕尼丽丝(Molyneux)的。

尽管德米特里结婚了,但他与香奈儿的恋情却给香奈儿带来了一定的吸引力,即使是多年之后也是如此。1928

---

[1] 康苏埃洛·范德比尔特·巴桑(Consuelo Vanderbilt Balsan),*The Glitter and the Gold*,1952年,第200页。

年《时代周刊》（Time）报道说："嘉柏丽尔（可可，Gabrielle）自战争结束之后起就声名大增。"

> 毛衣为她赢得了名声和财富。轻便的男孩式的毛衣成为许多美国和英国女性的运动装束。嘉柏丽尔的故事笼罩在神秘之中。有人说她是巴斯克人，是农夫的女儿。其他人则声称她的青年时代是在马赛（Marseilles）度过的。在那里，她从水手的针织套头衫中获得了设计前卫女性的高尔夫服装的灵感。即使在今天，对热衷八卦的巴黎来说，她仍然是一个谜。"可可"香奈儿并不美貌，但她的名字却与世界闻名的巴黎男人、著名的美女鉴赏家德米特里王子联系在一起。[1]

大概在 1920 年，香奈儿在米西娅位于默里斯酒店（Hotel Meurice）的公寓里遇到了神秘的诗人皮埃尔·勒韦迪。勒韦迪 31 岁，黑眼睛，焦躁不安。他精神上和情感上都饱受折磨，这对香奈儿有着致命的吸引力。她一开始听说到的关于勒韦迪的事和其他人差不多。他在法国南部长大，父亲是一名酿酒师。1910 年他来到巴黎，已经是一位诗人了。第一次世界大战开始时，他因心脏病无法参战，所以加入了辅助部队。这给了他充足的时间进行写作。到

---

[1]《时代周刊》（Time），1928 年 8 月 13 日。

战争结束时为止，他已经出版了八本书，其中包括自传体小说《塔朗窃贼》(*Le Voleur de Talan*)和几卷诗集。为了传播他的美学理论并推广他所拥护的立体主义（Cubist）和超现实主义（Surrealist）作家，他于1917年创办了《南方与北方》(*Nord-Sud*)。这份杂志获得了一群多产作家的支持，其中包括路易·阿拉贡（Louis Aragon）、安德烈·布勒东（André Breton）和特里斯唐·查拉（Tristan Tzara）。米西娅·塞尔特帮助他寻找杂志的订阅者，但这份杂志出版了16期便停止了。尽管如此，这份杂志还是在法国的先锋派作家中产生了相当大的影响。

除了米西娅，勒韦迪的朋友圈还包括蒙马特（Montmartre）的名流们，比如纪尧姆·阿波利奈尔（Guillaume Apollinaire）、马克斯·雅各布（Max Jacob）、毕加索（Picasso）和胡安·格里斯（Juan Gris）。在这群艺术家和作家中，勒韦迪被认为是一位理论家。他为自己的诗歌以及他出版和宣扬的立体主义、超现实主义和达达主义艺术（Dadaist）制定基础的美学原则。为了谋生，他担任报纸校对员，努力养活自己和做制裙师的妻子亨丽埃特·布柔（Henriette Bureau）。他们住在蒙马特的科尔托街（rue Cortot）上一间毛坯阁楼公寓里。战争期间煤炭稀缺，阁楼在冬天变得冰冷刺骨，而这家人的财政资金也更加稀缺。"我在阁楼里写作，"勒韦迪回忆道，"雪从天花板的裂缝中落下来，在桌上结成了冰。"[1]

他对香奈儿的吸引似乎有些出人意料。但显然，他们对彼此非常着迷。他们的关系极不稳定，有时充满火药味，有时又充满热烈的爱意。夏尔-鲁推测，在勒韦迪身上，香奈儿看到了"一个和她一样的人，与她有着同样的遭受伤害的印记"[2]。然而事实上他们拥有的相同之处，远比相似的背景要关键：他们都背负着过去的污名。和香奈儿一样，勒韦迪也对自己的出身感到羞耻，他也编造了很多故事来隐藏自己早年生活的真相。事实上，1889年，刚出生不久的勒韦迪就被未婚生子的父母抛弃了。直到他6岁的时候，他的生父才知晓了儿子的存在。即便如此，在接下来的两年里，他仍然和母亲住在一起，直到他的父母最终结婚。和香奈儿一样，勒韦迪作为一个外乡人来到巴黎，一心寻求飞黄腾达。同样，他也非常担心过去被揭露出来。勒韦迪也身陷抑郁与孤苦中。当香奈儿讲述这段往事时，克劳德·德莱为其总结道："她那紧守的秘密立刻在对方身上看到了自己。"香奈儿告诉德莱，勒韦迪是一个严于律己宽以待人的人。他渴望友谊，但他的坦率让人们望而却步。他会来和香奈儿共进晚餐，带着自己写的诗。他说，读这些

---

[1] 引自安德烈·布勒东（André Breton），*Conversations：The Autobiography of Surrealism*，马克·波利左提（Mark Polizzotti）译，1993年，第30页。
[2] 埃德蒙德·夏尔-鲁（Edmonde Charles-Roux），*Chanel：Her Life, her World. and the Woman Behind the Legend she herself Created*，南希·安菲克斯（Nancy Amphoux）译，1975年，第213页。

诗就像嚼蜡般索然无味。"他是一个崇高的灵魂"，香奈儿告诉德莱，她视之为珍宝。[1]

勒韦迪是一个苦行僧，一个神秘主义者，一个隐居者。他声称自己完全不在乎物质生活。甚至是他的诗人伙伴也认为他生活在自己的意象和感觉世界中，与安德烈·布勒东（André Breton）所说的"充斥着日常生活的诸事物，忧愁的光环以及围绕在我们的印象与行为周遭的许多头绪"完全分离。布勒东说，勒韦迪就像是"偶然间闯入了这个世界"。他创作的是一种特殊的、晦涩的、封闭的诗歌，但他对诗歌的热情极富感染力。当他说话时，他创造了一种令人目眩的"语言魔法"[2]。但是他作为一个诗人的个性有时会被他作为一个男人的激情所征服：众所周知，他酗酒并过度抽烟。他贪图口腹之欲并经常暴饮暴食。情欲控制了他，正如情欲也控制了香奈儿一样。为了与自己个性中的这些骄奢淫逸的部分作斗争，勒韦迪寻求精神性的启迪。1921年，在他的朋友马克斯·雅各布的推动下，勒韦迪和妻子一起皈依了天主教。

勒韦迪的诗歌揭示出了一种空虚感和孤独感，正是这些让获得友谊变得困难。如果勒韦迪与香奈儿的恋情像夏尔-鲁坚称的那样一直持续到1924年，那么这其中也一定

---

[1] 克劳德·德莱（Claude Delay），*Chanel Solitaire*，芭芭拉·布雷（Barbara Bray）译，1974年，第135页。
[2] 同上，第30页。

充斥着他的绝望感。也许香奈儿也有着这样一种空虚感，她蓬勃发展的职业生涯并没有为之带来任何的缓和。也许香奈儿想要找到一个办法来保护和照顾自己的爱人。无论她的感受如何，香奈儿都完全地投入这段婚外情之中。当勒韦迪在1926年宣布和妻子将搬到索莱姆（Solesmes）时，香奈儿和勒韦迪的其他朋友一样惊讶。在索莱姆，勒韦迪将作为一个居家修士（a lay brother）加入圣彼得修道院（Trappist Abbey of St Peter）。在接下来的两年里，勒韦迪一直是该修团的一员。他出版了一系列有关艺术家对信仰的需求的格言。然而，精神上的痛苦一直困扰着他，他于1928年离开了修道院，同时也离开了天主教信仰，继续生活在幻灭和沮丧之中。勒韦迪和妻子亨丽埃特继续生活在索莱姆，但是他并没有切断和都市生活以及和香奈儿的联系。他有时乘火车去巴黎探望香奈儿，后来偶尔住在她在法国南部的家中。他们的友谊一直持续到1960年勒韦迪去世为止。香奈儿非常珍惜这段友谊。在她位于康朋街的公寓里，陈列着勒韦迪的作品全集，一共15卷。同时还陈列着她刚刚开始用新获得的财富收集的书籍。

1923年，香奈儿从加尔什搬到了圣奥诺雷郊区（Faubourg Saint-Honoré）。在那里，她用奢华的家具装饰了自己的豪宅。虽然香奈儿的门店非常简约空阔（白色的墙壁，米色的地毯，装饰有艺术风格的壁灯），但她的个人生活空间看起来就像一个剧院或博物馆。她的选择有部分是根据米西娅的建议做出的。莫里斯·萨克斯记得有一把巨大的镀金路易十四椅子（Louis xiv chairs），上面覆盖着白色天鹅绒，其他古董椅子装着缎面软垫，还有一个灰褐色麂皮的长沙发。巨大的白色花束为每个房间增光添彩。她热衷收集带有山茶花（这是她最喜欢的花）图案的科罗曼德漆木屏风。在法国，山茶花与妓女和花花公子有关，她对此毫不在意。在中国，这种花却是纯洁的象征。每面墙上都挂着镀金边框的镜子。香奈儿说，小时候阿姨们不允许家中出现镜子，因此现在她就要让家里挂满镜子。同时，在她周围，每个房间里她伸手可及的地方都放着图腾和符咒，包括塔罗牌和水晶球，这些魔法小物件可以带给她好运，帮她驱除危险。镀金的小麦穗复制品（繁荣的象征）唤起了她在奥佛涅的童年记忆。房间里到处都是狮子雕像（香奈儿是狮子座）。有一次，她得到了一位牧师的半身像，并最终把它放在了餐厅的壁炉架上。她有时说这是她自己的祖先，有时则说是"男孩"卡柏的祖先。但不管怎样，这座半身像都能保佑她。

还有几排书架，上面放着皮革装订的古董书。这些书是莫里斯·萨克斯帮她买来的。他们共同的朋友谷克多向香奈儿保证说，萨克斯是一位非常有经验的古董书鉴定家和买手。她每月付给萨克斯60000法郎让他帮自己购买稀有的初版书。但当皮埃尔·勒韦迪检查了这些购买的书之后，他告诉香奈儿它们既不珍贵也不稀有。萨克斯向她收取了两倍或三倍于书费的费用,并将她给的大部分津贴贴用于个人开支。不过付给萨克斯的钱对香奈儿来说只是一笔小数目。当初她从卡柏那里继承了40000英镑(今天价值约620000英镑)。而到此时,香奈儿已经将她蓬勃发展的生意从康朋街21号搬到了31号。这座六层楼高的建筑今天仍然存在。

1920年的夏天,雄心勃勃的出版商康泰纳仕(Condé Nast)发行了第一期法国版《时尚》(*French Vogue*),宣传途径便翻了一番。在主编埃德娜·伍尔曼·蔡斯她不会说法语,因而继续负责美国《时尚》的编辑工作)的领导下,这本新杂志主要展示巴黎时装,同时也向海外传播美国和英国的时尚业观点。许多美国和英国的社交名流都会因为他们结婚的消息而登上这本杂志的社会版面。比如,1920年8月的一篇文章便是美国人向法国妇女提供关于离婚的建议。多年来一直被美国《时尚》吹捧的香奈儿现在也开始出现在法国版《时尚》上。她非常嫉妒地注意着法国版《时尚》的动向,随时记下那些被给予更多版面或者赞美之词的设计师们。

随着她在20世纪20年代的时尚业中的名气越来越大,香奈儿提前开了她计划于2月和8月举办的时装秀,以吸引外国买家,其中主要是美国人。香奈儿希望他们购买一些原版时装在服装精品店中出售,或者仿制了之后放到百货公司来销售。后来,香奈儿告诉保罗·莫朗:"我欣赏并且热爱美国。我在那里获得了财富。对很多美国人来说……我就代表着法国。"[1] 百货公司购买的商品远远多于个人客户，一次会买数百件原版时装。而且他们支付的价格也高于个人客户，从而确保了女设计师拥有稳固的收入基础和广泛的品牌传播度。在付钱之后，这些百货公司就会收到整件衣服。随后这件衣服会被拆成不同部件进行打版，这样本土的面料厂就可以根据版样进行生产了。有时候这些版样会被送到国外的工厂，比如南美，因为那里的劳动力更加便宜。有时候时装屋会提供所用面料类型说明，但大多数制造商都有自己的供应商，这些仿版只是与原始面料有些相似。售价越高的仿制版和原版也就越接近。

香奈儿的许多简约直线型的服装都很容易仿制。香奈儿坚称这一事实让她很满意。当她发现自己的一些设计被别人"发布"了之后，她说："这些仿制品卖得比我自己的还要好，这让我觉得很'荣幸'。这也是这么多年来我和我的同行们最不一样的地方。他们将仿制视为很严重的问题，而对我来说则完全不成问题。"[2] 在全球几千名高级定制时装客户中，只有一部分可以购买她的原版时装。她深知有一部分人绝对不会掏钱买她的衣服，比如皇室，他们是最差劲的顾客。在每一季展示的数百套服装中，只有大约10%的时装会找到买家。她逐渐意识到高定时装并不能仅

---

[1] 保罗·莫朗（Paul Morand），*The Allure of Chanel*，第155页。
[2] 同上，第148页。

仅依靠个人客户就存活下去。

尽管香奈儿一再表示有人模仿她等同于对她的奉承，但她强烈反对非法仿制。这个产业在巴黎时尚街区蓬勃发展。一位初出茅庐的仿制者伊丽莎白·豪斯（Elizabeth Hawes）回忆道："全世界对香奈儿的设计的疯狂渴望或许是理解窃取仿制它们的行为的新角度。"她带着复制这些设计的任务前往时装发布会。她知道如果她用铅笔做出任何动作，她手中的纸就会立刻被安排在房间里各个角落的女销售员一把抢走。为了阻止这些仿制者，香奈儿不提供长长的节目单，而是只有一些小纸条。模特们很快地走进走出。然而，豪斯还是能复制下几乎一整个系列的设计。[1] 豪斯写道："1928年的纽约，你可能会见到一位穿着她在康朋街花了200美元买的一件香奈儿的女士。"然后——

> 她可能会遇到另一位女士。那位女士花了250美元买了一件哈蒂·卡内基（Hattie Carnegie）的同款裙子。而那位女士又可能遇到一个在罗德&泰勒百货公司（Lord & Taylor）花59.50美元买了一条一模一样的香奈儿裙子的人。除此之外，还有很多人会花19.75美元或者10.50美元买到这条"香奈儿"的裙子。虽然面料可能不同，但款式大差不离。[2]

---

[1] 伊丽莎白·豪斯（Elizabeth Hawes），*Fashion is Spinach*，1938年，第60~61页。
[2] 同上，第112页。

即使是那些自己做衣服穿的女性,也有机会获得一条如假包换的"香奈儿"裙子。她们只需要去麦考尔图样公司(McCall's Pattern Company)、巴特里克公司(Butterick)或者时尚女装公司(Vogue Patterns)买一份服装图样即可。除罗德&泰勒百货公司外,仿品香奈儿或者类似款式的服装在波道夫·古德曼百货公司(Bergdorf Goodman)、邦威特·特勒百货公司(Bonwit Teller)、萨克斯第五大道精品百货店(Saks Fifth Avenue)、阿诺德·康斯坦布尔百货公司(Arnold Constable)、富兰克林·西蒙百货公司(Franklin Simon)、霍兰德百货公司(Hollander)以及金贝尔百货公司(Gimbel's)有售。除这些高档百货商店外,还有很多其他的途径。

让·帕图同香奈儿一样想要吸引到美国顾客的注意。他采取的一个办法是雇用美国模特来展示自己的衣服,这样可以让潜在的顾客们更好地看到这些服装在比法国模特更高更壮的人身上的效果。1924年11月,让·帕图发布了招聘模特的广告并动身前往纽约。在纽约的《时尚》杂志办公室里,让·帕图面试了一些模特并把她们带回了巴黎。足足有500人的面试队伍让帕图大为吃惊。这次的面试小组包括社交名媛艾尔西·德·沃尔夫(Elsie de Wolfe)、摄影师爱德华·史泰钦(Edward Steichen)、康泰纳仕(Condé Nast)、埃德娜·伍尔曼·蔡斯以及帕图本人。帕图带着6位美丽的美国模特一起返回法国,这在当时的舆论上引发了轰动。香奈儿对这件事大为光火。她下定决心要把这些模特从帕图那里挖过来,并且一反常态地给她们开出了更高的薪水。

香奈儿总是对竞争对手的策略保持警惕,无论是在设计风格上还是营销手段上。1921年,德米特里的妹妹玛丽女大公(Grand Duchess Marie)遇到了香奈儿,被她"旺盛的活力"和专一的精神所折服。玛丽认为,香奈儿意识到时尚界的成功不仅仅取决于精英们的穿着,而是需要对社会的各个阶层都产生吸引力。玛丽虽然和其他逃离俄国的人一样陷入财务困境,但她有着令人印象深刻的经历。她于1908年与瑞典的威廉王子(Prince Wilhelm of Sweden)结婚,但在第一次世界大战前不久便离婚。在战争期间玛丽在军队医院做护士。战后,她于1917年与另一位王子谢尔盖·米哈伊洛维奇·普蒂亚廷(Serge Mikhailovitch Poutiatine)结婚,但这段婚姻也以失败告终。

两人相遇时,香奈儿和当时的许多其他女装设计师一样,正试图将斯拉夫设计融入她的作品中。设计师们这种对异国风情以及东方元素的兴趣早在多年前俄罗斯芭蕾舞团以其色彩鲜艳的华丽服装和布景令观众惊叹不已时就开始了。1915年,舞蹈评论家卡尔·范·维希滕(Carl Van Vechten)写道,"当萧伯纳(George Bernard Shaw)说在过去的五年里,俄罗斯芭蕾舞团成为女装时尚届唯一的灵感来源时，他并没有夸大其词"[1]。20世纪10年代后期俄国流亡者涌入巴黎，助长了这一趋势；香奈儿也因着与德米特里的关系而受到了这种影响。

当香奈儿遇到玛丽时，她正致力于将她的丝绸衬衫添上刺绣元素。玛丽目睹了香奈儿和刺绣女工因为价钱谈不拢而爆发的一场争吵。为了给自己挣点收入，玛丽主动以低得多的价格接下了绣衬衫的活计，尽管她其实对如何用机器刺绣一无所知。然而，在三个月内，玛丽就掌握了这门手艺。她购买了许多机器，找到了一个新厂址，并雇用了一群俄国流亡者作为员工。她给自己的绣坊命名为吉特米尔（Kitmir），这是波斯文学中一只神秘的狗的名字。

起初，香奈儿是玛丽刺绣坊唯一的客户。这种安排对两位女性都很适用。玛丽想要一份稳定的工作，而香奈儿则很受用这种排他性的服务。在描述香奈儿的设计过程时，玛丽写道，这就像在和一位年长且脾气暴躁的试衣裁缝（fitter）一起工作，她非常认真投入，但很快就拒绝了雇主的想法。试衣是一件漫长而辛苦的事。玛丽写道："除了香奈儿，没有人说话，她一直在不停地自说自话。有时她会给出指示或解释一些新的细节，有时她会批评并作废那些已经完成的作品。"试衣裁缝会对香奈儿的言论怒目而视，但保持沉默。没有一个人敢跟香奈儿对着干。玛丽承认道：

---

[1] 保罗·帕吉特（Paul Padgette）编，*The Dance Writings of Carl Van Vechten*，1974年，第60页。

"我从来没有遇到过一个人的每一句话都得到遵守,而这份权威是由她自己凭空建立起来的。"

下午五点,咖啡会被准时端上来。香奈儿就会停下工作,与任何碰巧在场的访客一起喝咖啡。但她的自说自话仍在继续,对所有事所有人,她都有说不尽的八卦以及个人观点:

> 她的表达非常粗暴,但她也很容易改变对事情的看法。她不停地说啊说啊,不给别人任何回应或者抗议的机会。她的观点别人只能接受,别无他选。[1]

玛丽的俄式刺绣非常受欢迎。她的生意越做越大,拥有了50名刺绣工以及自己的设计师和技师团队。香奈儿允许玛丽和其他的外国买家业务接触,只不过售价一定要高于给香奈儿的价格;但是非法仿制香奈儿设计的法国买家们则不在业务范围之内。一些美国买家也试图让玛丽为非香奈儿的服装提供刺绣服务。玛丽对香奈儿的忠诚在其他设计师找到她希望能够合作时受到了挑战。玛丽希望吉特米尔能够接待更多客户,以防香奈儿在市场上过气之后绣坊也受到波及。但香奈儿对此提出了抗议。她给玛丽提供了一份其不得与之合作的设计师名单。这份名单非常不切

---

[1] 俄罗斯女大公玛丽(Marie, Grand Duchess of Russia),*A Princess in Exile*,1932年,第173~174页。

实际，玛丽觉得她只能在只为香奈儿工作或不为香奈儿工作之间做出选择。在香奈儿的强烈反对之下，这段关系不出意料地破裂了。后来，香奈儿称她对不得不在巴黎寻找工作的俄国流亡者感到"非常抱歉"。虽然抱歉，但也对他们充满兴趣。她说："在每一个奥佛涅人心中都有一个未被发掘的东方情愫，而俄国人为我揭示了东方真正的模样。"[1]

香奈儿内心的东方情愫只持续了几年。随后她就将目光延伸到俄罗斯之外，其间唤起了她对印度、中国甚至是捷克斯洛伐克农民服装的兴趣。但无华简约再次成为她的标志。1924年，《时尚》上刊登了一件白色乔其纱晚礼服，斜裁，只有一条细腰显出低低的腰线。毛衣夹克和新款围巾是她秋冬系列的特色，这一季她使用了棕色、黑色和灰褐色。《时尚芭莎》(*Harper's Bazaar*)的阿尔冯斯·德·迈耶尔男爵（Baron Alphonse de Meyer）称赞香奈儿1926年4月的时装发布会是"精彩的"。这一季以米色和枣红色为主，香奈儿展示的风格与台下热情的观众所期望的几乎没有什么不同。不过在那一年，香奈儿决定"不再忍受女性小腿肚的存在"。她将后面的裙摆加长，但前面裙摆依然很短。她还重燃了对横条纹的兴趣。但就在这篇盛赞香奈儿的报道中，德·迈耶尔还称让·帕图的系列作品精彩绝

---

[1] 保罗·莫朗（Paul Morand），*The Allure of Chanel*，第81页。

伦。和香奈儿一样，帕图也喜欢柔和的色调——米色和枣红色在他这变成了灰色和玫瑰色。而晚装部分，他设计了一条闪闪发光的纯白连衣裙。

然而，到1926年秋天，香奈儿在新系列中推出了一件异常优雅的作品：小黑裙。这使得她一举越至高级时装届的一线。这款裙子由绉纱制成，圆领长袖，臀部略显宽松，裙摆刚刚到膝盖以下，展现了端庄品味的精髓。《时尚》称这是一条适合所有人的"福特连衣裙"（Ford dress），注定会成为经典。这条裙子是香奈儿针对竞争对手们的印花、织纹和刺绣展现的一种对抗姿态吗？是否如一些传记作者所推测的那样，香奈儿仍然在悼念"男孩"卡柏的离去，而这条裙子正是她希望看见所有人都一袭黑衣，仿佛也在哀悼之中？它是否标志着即使是哀恸的女性也能对时尚世界有所回应？无论香奈儿的小黑裙灵感来自何方，事实证明，它满足了顾客的全部需求。

4 双C标志

这世上没有友谊一说,只有钱——两者并不能混淆。

——香奈儿[1]

尽管受到媒体的赞赏,同时香奈儿作为名人的知名度不断提高,但她还是对自己的生意忧心忡忡。与其他的设计师会联合创作不同,香奈儿拒绝让任何人有她的服装创意依赖于其他人的印象。香奈儿出品一个时装系列的工作始于挑选面料,她认为这是艺术的核心。供应商会带来数百个面料样品,并且将展示色板铺满她的工作室以供她考虑。香奈儿亲自挑选每一块面料,她在指间仔细地感受每一个样品,弯折它,揉皱它,相互比较。一旦香奈儿选定面料,就会召集女工头们到工作室里听她描述自己的设想。香奈儿不让她的员工们提任何建议,因为她完全看不上这些员工们的品位。"你在这里

---

[1] 克劳德·德莱(Claude Delay),*Chanel Solitaire*,芭芭拉·布雷(Barbara Bray)译,1974年,第158页。

和那里剪一刀,给我做出一套西装来。"香奈儿命令道。她用手指出自己想要什么、袖子的形状应该如何以及腰线的位置在哪里。"当你让裙摆形态正确地垂下来之后再来见我,我会告诉你下一步的装饰应该是什么。"她说着结束了会议。据一位与香奈儿一起工作的女缝纫师说:"(香奈儿)很难正确传达自己的想法,因为她对缝纫工艺缺乏必要的了解。尽管她的语气很权威,但她依然听上去很傻。"[1] 香奈儿的女工头们必须成为读心者。"这对我们来说非常艰难。"一位女工头坦白说,因为她们知道,香奈儿的有些设想完全不可能实现。"我们经常不得不在发布新系列前一天甚至前几个小时废弃之前所做的一切工作。"[2] 她们一次又一次地拆开衣服并重新缝合,当然这一切都是手工完成的。每一次重新组装完成之后她们都无法预测香奈儿是会给出批评,还是更大的怒火。

香奈儿对她的工作的专注是强烈且不知疲倦的。克劳德·德莱回忆说:"人们不得不注视着她。她的脖子像女学生那样好看地蜷缩着,棕色卷发上戴着缎带帽子,微微前倾地站着。她的手指不停地搓动着,充满激情,双手看起来甚至有些变形。"[3] 香奈儿亲自挑选模特,并在每次模特走秀时都坐在下面对她们的表现打分。她们得十分美丽,

---

[1] 引自皮埃尔·加兰特(Pierre Galante),*Mademoiselle Chanel*,艾琳·吉斯特(Eileen Geist)、杰西·伍德(Jessie Wood)译,1973 年,第 39 页。
[2] 同上,第 240 页。
[3] 克劳德·德莱(Claude Delay),*Chanel Solitaire*,第 66 页。

还得有自己特定的风格类型,也就是尽可能接近香奈儿自己的体态。

香奈儿一再拒绝称自己为艺术家,她坚称自己是一名女缝纫师。但她不否认自己的审美,不否认自己宝贵的直觉,也不否认自己的热情。虽然避免使用"艺术家"这个词,香奈儿还是承认自己身上具有某种类似的特性。她承认自己将每个时装系列比作一出戏剧,承认在时装秀上她想创造出一种幻觉,并且吹嘘自己对观众偏好的敏感。香奈儿常说:"(要写出)《舍赫拉查德》(Scheherazade)很容易;但要设计出一件小黑裙,这很困难。"正如时尚史学家戴安娜·克兰(Diana Crane)所指出的,第一次世界大战之后,设计师们越来越多地被描述为天才,他们被认为像画家或雕塑家一样独自工作。他们的设计作品被当作艺术品进行分析,而他们的个人生活也被不断挖掘,以揭示他们的美学演变过程。[1] 香奈儿反对自己被称为艺术家印证了这种将设计师视为具有独特才能、感性和灵感的人的文化压力,她不被视为对市场有敏锐洞察力并有效掌控着自己时装屋的全能的女商人。

然而,香奈儿将做一名残忍和傲慢的女商人视为自身的成就并引以为傲。"她可能会突然变成一个名副其实的自负的和不友善的怪物,"伊雅·阿布迪夫人(Iya Abdy;她

---

[1] 戴安娜·克兰(Diana Crane),*Fashion and its Social Agendas: Class, Gender, and Identity in Clothing*,2000年,第151页。

是香奈儿的一位顾客，偶尔也来充当模特）回忆道，"她暴怒的时候非常可怕。她的员工、模特以及她的好朋友们都知道这点。她可能会对任何人发脾气。"[1] 尽管据阿布迪说，香奈儿很快就会忘记让自己生气的事，但她火山喷发一样的性格对一些员工来说让工作变得痛苦不堪。她还是远近闻名的吝啬付工资的人，同时她不能容忍对香奈儿的投诉。当模特们恳求她付更高的报酬时，香奈儿会立即解雇她们，并建议她们去当富人的情妇。香奈儿还经常指责员工偷她的东西，尽管她可以很容易地监视他们进出工作室。愤世嫉俗又不信任他人的香奈儿一直寻找各种机会羞辱她的员工们，而她总是能找到这些机会。

从一开始，香奈儿雇的模特里就有那些可能曾经是作为顾客来过店里的上流社会女性。一些朋友认为香奈儿雇用这些女性是为了调转原先的权力不对等关系，让她们屈从于自己。但从阿德丽安娜和安托瓦内特穿着她的服装大步走在巴黎和多维尔的时候开始，香奈儿就知道她的模特选择对生意会有多大影响力。她坚称自己从未打算羞辱这些模特们，她只是为了宣传自己的设计。

如果说员工们甚至一些朋友认为香奈儿是个势利小人，那么有些人明白她的傲慢源于贫穷的童年，以及一种持久的对贫穷可能卷土重来并破坏她那脆弱世界的恐惧。香奈

---

[1] 引自皮埃尔·加兰特（Pierre Galante），*Mademoiselle Chanel*，第80页。

儿的税务律师说她其实对金钱一无所知。但对香奈儿来说，金钱代表了公众对她才华的认可。她的另一位律师则认为香奈儿对财富的兴趣其实反映了她的恐惧，"（她）害怕无法胜任自己的工作，害怕无法在男人的世界中为自己辩护"[1]。无论哪种情况，她都觉得自己还不够富有。

除了时装，香奈儿还将生意扩展到了服装面料和人造珠宝首饰。在这些企业中，她放弃了一部分控制权，并让经过她认可的其他人参与到经营中来。埃蒂安·德·博蒙特伯爵（Étienne de Beaumont）、西比尔·科尔法克斯夫人（Sybil Colefax）和艾尔西·德·沃尔夫（Elsie de Wolfe）都是香奈儿旗下早期的珠宝设计师。和她的时装一样，香奈儿的珠宝首饰也被零售店抄袭复制。而这些零售店打出的广告却也让香奈儿这一品牌更加深入人心。对于服装面料的生意，香奈儿非常讲究，她请来了伊莉亚·兹丹维奇［Ilia Zdanévitch，他也被称为"伊利亚兹德"（Iliazd）］，这是香奈儿通过米西娅认识的一位艺术家。伊利亚兹德的审美与香奈儿自身非常接近。因此香奈儿1927年任命他为自己的面料设计师，并于1931年任命他为自己的新公司"香奈儿面料"（Tissus Chanel）的总监。伊利亚兹德六年前来到巴黎，当时他27岁，已经是一位大胆直率的未来主义者了。除艺术外，伊利亚兹德还对数学和历史充满热情。除

---

[1] 引自皮埃尔·加兰特（Pierre Galante），*Mademoiselle Chanel*，第87页。

为香奈儿工作外，伊利亚兹德还是一位著名的插图书出版商。他出版了乔治·布拉克（Georges Braque）、马克斯·恩斯特（Max Ernst）、阿尔贝托·贾科梅蒂（Alberto Giacometti）和胡安·米罗（Joan Miró）等著名艺术家的插图书籍。伊利亚兹德还将自己的一卷诗集《阿法特》（*Afat*）献给了香奈儿，里面有76首十四行诗以及6幅由毕加索（Picasso）绘制的版画插图。虽然伊利亚兹德性格复杂且有时粗鲁，但他与香奈儿一样奉行完美主义。伊利亚兹德1942年娶了一位尼日利亚公主，而当他的儿子出生时，香奈儿理所当然地成了孩子的教母。

尽管战后以来包括香奈儿的公司在内，法国商业蓬勃发展，但法郎的持续贬值让许多人感到不安。而香奈儿也不是唯一一个在寻找增加利润的方法的人。她认为，香水，或许是门好生意。毕竟，其他设计师都有自己的香水，而香奈儿决心加入他们的行列。德米特里和他的妹妹认识的俄罗斯化学家欧内斯特·鲍（Ernest Beaux）接受了创造符合香奈儿要求的香味的挑战：充满女性气息，但并不是单纯的花香，既抽象又神秘。香奈儿并不希望她的香水闻起来接近某种自然的花香。相反，她坚持这款香水要有鲜明的人工感。这种对人工感的追求被证明是香奈儿的天才之举，但她这一坚持背后的理由令人既好奇又困惑。显然香奈儿是想要和别人卖的香水完全不一样的东西，比如波烈的玫瑰香水（Les Parfums de Rosine）系列中的"阿波罗与阿拉丁的树林"（Bosquet d'Apollon and Aladdin）这种花香香水。她希望这款香水的味道和包装都是新的。既不是那种华丽的维多利亚风格的镶壳小瓶，也不是那种弯曲的新艺术风格的瓶子。这两者已经是许多女性梳妆台上的常见物件了。

香奈儿说女人闻起来应该像个女人而不是一朵玫瑰花。她坚持认为香水不是用来遮盖不卫生带来的体味的。香奈儿本人对体臭以及她所认为的污物非常敏感。她认为香水应该被用来增强女性自然的身体气味，后者绝非令人不悦的存在。"在5月1日出售的山谷铃兰里，"她炫耀道，"我能闻到采摘它的孩子的手的味道。"[1] 香奈儿说，她想要"一种此前从未出现过的香水。一种带有女人香味的香水"[2]。香奈儿对自己想要什么以及为什么想要的解释是如此模糊和矛盾，以至于它们听起来毫无意义。但它们仍然是香奈儿神话的一部分：她的香水将彻底改变女性的气味，正如她的设计彻底改变了女性的着装方式。

富有创造力的鲍调制出了一系列的香水，在其中尝试性地使用了二十多种化学物质，包括乙酸苄酯（benzyl acetate）和茉莉提取物（jasmine extract）。这个组合使得芳香气味的持久性更强，在此基础之上后续加入了茉莉、依兰、香根草、檀香木以及香草等元素。鲍将自己的作品编

---

[1] 克劳德·德莱（Claude Delay），*Chanel Solitaire*，第86页。
[2] 皮埃尔·加兰特（Pierre Galante），*Mademoiselle Chanel*，第85页。

号为1到5以及20到24，并将这本香水目录交给了香奈儿。目录以黑色罗缎装订，内容印在粗糙的米色手工纸上，看起来就像一本诗歌小册子。目录上的5号作品令香奈儿很满意。它的描述正如她所希望的那样令人回味："一束抽象的花朵，具有无法定义的女性气质和神话般的优雅。"[1]鲍的这个创造开启了支撑起香奈儿后半生的新事业。

选择5号作为香水的名字本身就激发了新的神话。这个数字令人想唤起神秘的和自然的双重意涵：五种基本元素（水、火、土、木、金）；人的五感；五大洋；五指；五角星；伊斯兰教的五大支柱以及每日的五次祈祷；五线谱；《摩西五经》（Torah）；以及对毕达哥拉斯学派来说，五是一个象征和谐的神圣数字。香奈儿从来没有谈论过以上这些猜想中是否有她当时命名时候的联想。香奈儿5号（Chanel No. 5）香水似乎就只是鲍的第五个作品样本。但当5号香水一经推出便获得了空前的成功之后，香奈儿就将"5"用作了自己的幸运数字。从此，她所有的发布会都定在某个月的5号举行。

香奈儿通过赠送给顾客试香试管来宣传她的新香水，同时她也会用5号来喷自己服装店的试衣间。当顾客们开口询问这是什么香水时，香奈儿没有透露，她声称自己记

---

[1] 第5号身份证（No. 5 Carte d'identité），香奈儿工坊（Maison Chanel）。

不清是在哪里找到了这种新香水……也许是在法国南部的某个地方。最终，当鲍为她提供足够多的香水以便出售时，香奈儿还假称这些是顾客们催促她生产出来的。顾客们除了乖乖掏钱，还有什么别的办法可想呢？

光凭气味一项，人们就能区分出香奈儿 5 号（Chanel No. 5）和其他香水的不同。与此同时，它的包装也是非常精妙：方形的瓶身，这模仿了"男孩"卡柏的古龙水瓶子；标签上用黑色大写字母写着香奈儿的名字（CHANEL），瓶盖上有两个交错的 C 的标志。线条流畅、造型现代、构思精妙，香水瓶盖上的标志是香奈儿徽标（logo）的首次亮相。香奈儿 5 号香水以及随后而来的众多其他香水的销量远远超过了香奈儿的时装销量，这让香奈儿成为世界范围内广为人知的独特品牌。即使是时薪 1 法郎的女销售员也会掏出 35 法郎买一瓶 7 毫升的香精，如果她们买的是古龙水的话那么价格更便宜。每天节省地擦这瓶香水的话，7 毫升大概够用一年甚至更久。

香奈儿学过一些做时尚生意的知识，但营销香水需要一种不同的专业知识。香奈儿很可能首先找到了老佛爷百货公司的老板泰趣弗利·百德（Théophile Bader）。香奈儿曾经的帽子店里那些基础硬草帽正是从老佛爷百货公司购入的。彼时已经 60 岁的百德也无法抵抗香奈儿的魅力，但他从未失去敏锐的商业嗅觉。一款由当红的香奈儿品牌推出的香水具有巨大的销售潜力，而它还需要由熟悉市场的人来制造、包装和分销。百德认为，这个熟悉市场的人选就是他的朋友皮埃尔·韦特海默（Pierre Wertheimer）。韦特海默和兄弟保罗（Paul）一起经营着家族公司"妙巴黎"（Bourjois），这是法国最大的化妆品和香水制造商之一。

妙巴黎最初是一家戏剧化妆品公司。1898年韦特海默家族族长欧内斯特·韦特海默（Ernest Wertheimer）将其收购。妙巴黎的工厂位于巴黎郊外的潘廷（Pantin），生产香水和化妆品。例如，口红"巴特（batter）"系列有浅红、正红和深红色三种色调，其原料都是在大桶中熬制并由工人用工具手动搅拌均匀。每个色号的膏体都被倒入金属管状外壳中。使用者可以通过一个小杠杆将口红推出管外，旋筒式的外壳则出现于20世纪20年代后期。

香奈儿和韦特海默相遇了。故事是这样的：韦特海默正在多维尔（Deauville）看自己的马参加赛马比赛，香奈儿被这位英俊的青年迷住了，而这位青年也被香奈儿的魅力所征服。香奈儿告诉韦特海默自己需要资金来资助新的香水公司，而她也发现韦特海默有意承担香奈儿5号的制造和营销。韦特海默告诉香奈儿他们需要成立一家公司，她欣然同意了这个提议。"香奈儿香水公司"（Les Parfums Chanel）成立于1924年，对其中签订的合约香奈儿后悔了一辈子：她给了韦特海默70%的公司份额，将20%的份额作为佣金分给了百德，只给她自己留下10%。时装屋依然保持独立。鉴于香奈儿想要变得越来越富有的初衷，这份协议似乎令人惊讶。这表明她要么误解了合同,要么并不了解除高级定制时装外的任何东西的盈利潜力。后来香奈儿向德莱承认道,和其他商人在一起的时候,她都一直保持沉默:"我不能让他们看出来我对他们谈论的东西其实一窍不通。"[1]

除利润分配外,香奈儿香水公司还有销售化妆品和护肤品的权利。香奈儿有时会反对这些项目。当韦特海默决定生产一种洗面奶时,香奈儿提起了诉讼。谈判持续了五年,以香奈儿的失败告终。1928年,《时尚》刊登了一整版的广告,展示了30种带有香奈儿品牌的产品,包括护肤乳液、抗皱凝胶、手部和面部晚霜、胭脂、散粉和七种不同色号的口红。香奈儿阻止化妆品扩产的诉讼是众多诉讼中的第一个:她曾经试图禁止香奈儿香水公司生产别的品牌的香水;她曾经试图找一家对手公司来另起炉灶;她很快意识到这家公司的巨大利润,并且试图让自己占到更大的份额,而不仅仅是10%。香奈儿聘请了自己的律师和会计师与韦特海默家族展开斗争,她确信他们试图欺骗她。而在韦特海默家族那边,他们有一整个律师团队专门负责处理和香奈儿有关的事宜。

与香奈儿对金钱的焦虑以及对被骗的疑神疑鬼相反的是她极度且怪异的慷慨。"一旦她有了钱,"马塞尔·海德

---

[1] 克劳德·德莱(Claude Delay),*Chanel Solitaire*,第131页。

里希（Marcel Haedrich）指出，"香奈儿就替所有人买单。这是为了回报别人曾为她付过账吗？并不是，她是希望通过这种方式忘记别人曾经为她买单的事实。或者，用更严厉的话说，她通过支付他人的义务，从而抹去了自己的义务。"[1] 其中一些慷慨是用于塞尔特一家（Serts）的，香奈儿常常和他们一起旅行。在他们一起旅行时，香奈儿将付钱用作对他们施加权力的一种方式，以确保他们会感到欠了自己人情。被依赖和被欠人情似乎让香奈儿感到自己被需要和欣赏，甚至可能是被爱。但她的慷慨却并没有惠及自己的家人。虽然香奈儿在生意兴隆时克制地资助着她的兄弟阿尔冯斯和吕西安，但在 1939 年关门之后她立即切断了他们的生活来源。对家庭的贡献毕竟是不为公众所知的，因此他们的依赖对香奈儿来说也只是一种负担。

她告诉海德里希，她对不喜欢她的人或她认为不喜欢她的人有"防御"手段[2]。这些手段的其中之一可能就是金钱。金钱拥有操控人心的力量，从而能确保自己被注意到。她告诉克劳德·德莱，即便是她付的小费也不是为了奖励仆人，而是为了让其"对你有一点好感，而不是向你吐口水"[3]。朋友们讲起了自己收到过的那些贵重礼物：如果一个女人喜欢一件皮草，她就可能会发现它被披在自己

---

1 马塞尔·海德里希（Marcel Haedrich），*Coco Chanel：Her Life, her Secrets*，查尔斯·拉姆·马克曼（Charles Lam Markmann）译，1972 年，第 103 页。
2 同上，第 56 页。
3 克劳德·德莱（Claude Delay），*Chanel Solitaire*，第 86 页。

肩膀上作为礼物，或者她可能会感觉到有一件珠宝被压进她的手心里。

香奈儿对艺术家的慷慨有两个著名受益者：佳吉列夫和谷克多。1924年年初，在情人雷蒙德·拉迪盖（Raymond Radiguet）去世后，让·谷克多应佳吉列夫的邀请前往蒙特卡洛避难。后者与谷克多并不平坦的友谊已经有了十几年的时间。谷克多对佳吉列夫的描述与其说是深情，不如说是讽刺：面对佳吉列夫一头没有染黑的白发，谷克多写道，"（他）把自己塞进一件带负鼠领的毛皮衬里外套，有时得用安全别针把两者固定住。他的脸像獒犬，笑容像鳄鱼宝宝，一颗牙齿总是露在外面。吮吸那颗牙是他感到高兴、害怕或生气时的标志动作"。[1] 在前一年的《婚礼》（Les Noces）演出完之后，谷克多和佳吉列夫应邀与其他的时尚客人一起前往杰拉尔德·墨菲（Gerald Murphy）和莎拉·墨菲（Sara Murphy）的游艇上庆祝俄罗斯芭蕾舞团的到来。香奈儿也在那艘游艇上，她和一帮先锋艺术家朋友们在一起。

佳吉列夫希望通过谷克多参与新芭蕾舞剧的工作来分散他的悲伤，于是他邀请谷克多参加俄罗斯芭蕾舞团的排练。特别是这样一来谷克多就可以见到他最喜欢的舞者安东·多林（Anton Dolin）。佳吉列夫告诉谷克多，他想让多

---

[1] 罗伯特·菲尔普斯（Robert Phelps）编，*Professional Secrets: An Autobiography of Jean Cocteau*，理查德·霍华德（Richard Howard）译，1970年，第50~51页。

林参演一部新芭蕾舞剧。谷克多使用鸦片来缓解自己的悲伤情绪,他感觉自己已经可以重回工作了。看着多林优雅的舞姿,谷克多萌生了在海边上演一场热情洋溢的芭蕾舞剧的想法,于是《蓝色列车》(Le Train Bleu)诞生了。谷克多称其为无词轻歌剧(operetta),这是一种从哑剧、滑稽戏和马戏表演者那里借用而来的舞剧作品。

佳吉列夫委托大流士·米尧(Darius Milhaud)创作乐谱,其旋律取材于流行歌曲和法国音乐榜(French music-hall)。"这是巴黎,粗俗、肮脏、多愁善感,"米尧在他的日记中写道,"有很多波尔卡舞曲、盖洛普舞曲、华尔兹舞曲,等等。……我有点害怕(所有这些工作),但我在整个过程中感到非常有趣。"[1] 这个过程涉及的艺术家们或多或少理解谷克多的目标,即创作一部具有讽刺意味、复杂而充满活力的作品。谷克多不确定瓦斯拉夫·尼金斯基(Vaslav Nijinsky)的妹妹布罗尼斯拉娃·尼金斯卡(Bronislava Nijinska)是否是编舞的最佳人选,因为她对体育或杂技一无所知。但他向尼金斯卡展示了一些威尔士亲王(Prince of Wales)打高尔夫球的照片和几位网球运动员的照片,其中包括苏珊·朗格伦(Suzanne Lenglen)。朗格伦在1919年至1925年的六年间蝉联了温布尔登网球公开赛(Wimbledon)的女子单打冠军,她的网球服正是帕图的

---

[1] 引自弗兰克·W. D. 里斯(Frank W. D. Ries),*The Dance Theatre of Jean Cocteau*,1986年,第92页。

著名设计。

法国雕塑家亨利·劳伦斯（Henri Laurens）受到委托设计布景。佳吉列夫在布景中添加了一幅放大的毕加索作品作为前幕，画作戏剧性地描绘了两个披着长袍的女人在沙滩上奔跑。而香奈儿则被邀请为这部剧设计服装。两年前香奈儿曾为谷克多改编的《安提戈涅》（Antigone）设计服装并同意为其提供经济支持。这次需要设计的是一套泳衣，这是泳衣首次出现在舞台上。除此之外还有高尔夫、网球和摔跤的运动服装——男士条纹毛衣和袜子以及女士短上衣，等等。香奈儿本人经常乘坐"蓝色列车"（Le Train Bleu）从巴黎到里维埃拉（Riviera），因此她非常了解谷克多试图传达的精神和氛围。同样她也知道，这次收获的公众知名度将对她的生意大有裨益。

1922年12月20日，《安提戈涅》在小小的"工作室剧院"（Théâtre de l'Atelier）上演时［一同上演的还有路易吉·皮兰德娄（Luigi Pirandello）的短剧］，香奈儿的服装、毕加索的布景和亚瑟·奥内格（Arthur Honegger）的音乐都引起了人们的注意。谷克多称他选择香奈儿来设计服装是因为她是最伟大的女装设计师，他想确保俄狄浦斯（Oedipus）的女儿们穿得漂漂亮亮。曼·雷（Man Ray）为香奈儿设计的服装拍了照，乔治·勒巴柏（Georges Lepape）为法国版《时尚》绘制了这些服装的插图，她的设计赢得了广泛的赞誉。[1]

《蓝色列车》（Le Train Bleu）的排练气氛很紧张，部分是因为谷克多和尼金斯卡之间长久以来的敌意，而两人缺乏共同语言更加剧了这一情况；另一部分则是因为谷克多要求加入更多的杂技元素，而尼金斯卡则试图创造出一幕幕假日明信片画面中的那种叙事。由于尼金斯卡在最后时刻做了许多调整，多林有些担心他在舞台上的最终表现。谢尔盖·利法尔（Serge Lifar）是剧团最年轻的舞者之一，他一直在与多林竞争，试图引起佳吉列夫的注意。有一次排练时米西娅、香奈儿和毕加索都来了。利法尔的才华引起了他们发自内心的赞美。"这就是你要的舞者。"香奈儿对佳吉列夫说，毕加索也随声附和。利法尔说："从那时起，香奈儿和毕加索就成了我艺术生命里的教母与教父。"[2] 香奈儿之所以那天在场也不仅仅是出于对新剧的好奇。她设计的舞台服装虽然新颖活泼，但很容易就会散架，舞者不能一直穿着它们行动。在康朋街试穿这些服装的时候，香奈儿没有考虑到舞台上伸展和跳跃的需求。所以在排练中她不得不坐在地板上，手里拿针，不停地修修补补。

《蓝色列车》于1924年6月20日在香榭丽舍剧院（Théâtre des Champs-Elysées）首演。评论家们盛赞了那段

---

[1] 威廉·怀尔斯（William Wiser），*The Crazy Years: Paris in the Twenties*，1983年，第77页。
[2] 谢尔盖·利法尔（Serge Lifar），*My Life*，詹姆斯·霍曼·马森（James Holman Mason）译，1970年，第35页。

"小妞儿"和"舞男"在沙滩上嬉戏的活力四射的舞蹈。虽然这段编舞似乎与古典芭蕾没有什么关系,但它的欢乐和复杂度让巴黎和伦敦的观众都很受用,演出的门票经常一售而空。

到这部芭蕾舞剧上演的时候,谷克多已经鸦片成瘾,他持续地感到情绪衰弱和沮丧。他与哲学家雅克·马利坦(Jacques Maritain)的会面使他皈依了天主教,这正是他童年时家庭信仰的宗教。1925年,谷克多住进了诊所,试图戒掉鸦片的毒瘾。但从诊所出来后不久,谷克多又开始吸食鸦片,在颂扬对上帝的信仰的同时还为"烟的翅膀"写赞美诗。1928年,他住进了圣克劳德(Saint-Cloud)的一家诊所再次尝试戒毒。这次的费用是香奈儿来支付的。

随着香奈儿与艺术家群体交往的深入,她发现请人画一幅肖像画是非常时髦的事。20世纪20年代初期,香奈儿遇到了年轻的雕塑家雅克·利普希茨(Jacques Lipchitz),并委托他制作了一尊半身像。香奈儿想必很认同雕塑家所说的他捕捉到了"香奈儿奇异的美丽和个性中强大的部分",因为她后来又给了他其他委托:为她的壁炉制作两套铁质柴架,以及一尊花园雕塑。尽管这尊花园雕塑并未真正开工,但利普希茨说,这段关系对他而言成果颇丰,开辟了一些新的艺术可能性。[1] 几年后,香奈儿决定委托制

---

[1] 雅克·利普希茨(Jacques Lipchitz),*My Life in Sculpture*,1972年,第63、67页。

作另一幅肖像画，这次她找的是法国艺术家玛丽·洛朗桑（Marie Laurencin）。大多数熟悉洛朗桑作品的人都明白这幅肖像画并不会非常逼真，而会是有点异想天开的重新阐释。香奈儿显然没有同样的理解和预期。当她看到洛朗桑将自己描绘成包裹在蓝色和黑色的衣物中，细长脸，神情慵懒的女人，同时一只狗趴在她的腿上，一只鸟在她的头顶附近盘旋时，香奈儿被激怒了。洛朗桑将香奈儿描述为来自奥佛涅的农民，她拒绝了香奈儿让她重新绘制一幅肖像画的要求。相反，经过一些改动，她将这幅肖像作为自己的肖像卖给了另一个女人。

香奈儿并不是唯一一个支持艺术事业的女装设计师。时尚史学家们注意到第一次世界大战之后人们对服装设计师，尤其是女性设计师的看法发生了变化。20世纪初的女装设计师们在开设自己的时装屋之前通常作为缝纫师和学徒接受培训。即使是作为自己时装店的老板，她们也经常被上流社会的客人当作销售员对待。比香奈儿大十六岁的让娜·浪凡以女帽商起家，尽管她的生意做得很大，但她的社会地位却在女儿嫁给波利尼亚克伯爵（Comte de Polignac）之后才得以提升。比香奈儿大七岁的玛德莱娜·薇欧奈在她自己开店之前为卡洛姐妹旗下的一位设计师工作。尽管薇欧奈的生意很成功，在曼哈顿第五大道和比亚利兹都开设了门店，她本人却是一个退休状态中沉默寡言的女性，几乎不接受采访，更不用说出席晚会了。尽管两位女性都发展成了备受推崇的时装设计师,但时尚杂志很少展示她们本人的照片或关注她们的社交生活。这些内容似乎与她们的设计毫无干系。相反,杂志都密切关注那些身穿她们设计的衣服的社会名流。

然而,香奈儿却以波烈和帕图为榜样。这两人都非常擅长与客人展开社交活动。香奈儿开创了一个新形象:这位女性与客人们在同一个圈子里旅行,出现在相同的活动场合;她会举办精彩的派对,邀请客人们前来参加;她积极投身于艺术世界,既作为一位设计师,也作为一位艺术赞助人。香奈儿不仅仅是一名女装设计师,她还是一位时尚名流。

5 运动生活

> 她非常讨人喜欢,她是一个真正伟大又强大的存在,一个适合统领男人或是统治一个帝国的人。
>
> ——温斯顿·丘吉尔(Winston Churchill)致妻子的信,1927年10月1日[1]

1924年,香奈儿已经41岁了。她此前有过五位爱人:巴桑、卡柏、斯特拉文斯基、德米特里大公以及勒韦迪,但没有一段能修成正果。香奈儿神话的捍卫者们坚持认为,是香奈儿主动离开了巴桑,也是她抛弃了德米特里。香奈儿并不想结婚,也不曾想过要在工作和男人之间做出选择。但在香奈儿与第二任威斯敏斯特公爵休·理查德·亚瑟·格罗夫纳(Hugh Richard Arthur Grosvenor)的关系中,许多人都看到了一个恋爱中的女人,一个渴望被迷人、热情和强大的男人保护着的

---

[1] 马丁·吉尔伯特(Martin Gilbert),*Winston S. Churchill, vol. v: Companion, Part i, 1922—1929*,1979年,第1059页。

女人。

那一年公爵46岁,是他的第二任妻子维奥莱特·玛丽·纳尔逊(Violet Mary Nelson)与他结婚的第五年,后者刚刚以通奸为由提出了离婚。格罗夫纳公爵(Duke Grosvenor)身高超过6英尺,一双蓝眼睛,时刻都精力充沛且从不因循守旧。公爵被他的朋友们戏称为"本德·欧"(Bend'Or)——这是公爵的祖父养的一匹牡马的名字。1880年,在格罗夫纳公爵刚刚出生,仅有十五个月大的时候,"本德·欧"就赢下了那一年的德比(Derby)冠军。到格罗夫纳公爵成年时这个昵称已经变成了"本多"(Bendor),而像温斯顿·丘吉尔这样的密友甚至直接称呼他为"本尼"(Benny)。

公爵的第三任妻子洛丽娅·庞森比(Loelia Ponsonby)将丈夫描述为令人生畏、苛刻和可怕的人:"(他是)一位沙皇,一位苏丹,他是随时会投掷雷电的朱庇特(Jove),一位我非常急于安抚的神祇,一个完全不能以平等方式对待的人。"[1] 他很容易感到无聊,也很容易分心——一个恶作剧、一位来访者或一朵野花都能吸引走他的注意力。他习惯了一切都按他的方式进行,他的每一次心血来潮都完满实现了。甚至一位对格罗夫纳公爵抱有同情的传记作者也承认他是极其难对付的人:

---

[1] 洛丽娅·庞森比(Loelia Ponsonby), *Grace and Favour: The Memoirs of Loelia, Duchess of Westminster*, 1961年,第181页。

> 他反复无常的脾气,他突然的暴怒,他偶尔对下属不假思索的残酷以及他幼稚的笑话,这些都需要一些时间来适应。而他情绪的不稳定意味着,一分钟前的暴躁可能突然会在下一分钟变成好心情。[1]

格罗夫纳公爵似乎有一种病态的焦躁不安。他讨厌独处,但也会突然讨厌有人陪伴。他总是突然冲动地决定离开某地去往其他地方,而随从们也总是不假思索地服从他的决定。格罗夫纳公爵喜欢在他众多的乡间田产中打猎或钓鱼;或是驾驶他的游艇"飞云号"(Flying Cloud)出海;或是举办豪华派对,试图勾引那些诱人且令人兴奋的女人们。尽管格罗夫纳公爵声称自己对通奸有着清教徒式的反感,且在怀疑自己遭到背叛时就嫉妒暴怒,他还是勾引到了无数的女人。这些风流韵事使得他与第一任妻子康斯坦斯·埃德温娜·康沃利斯-韦斯特(Constance Edwina Cornwallis-West),也就是"希拉"(Shelagh)的婚姻破裂;而在第二段婚姻中公爵依然重蹈覆辙。他的魅力和富有对一些女性来说拥有不可抗拒的吸引力,而对试图接近他的谄媚者和寄生虫来说也是如此。

对香奈儿而言,格罗夫纳公爵提供的不仅仅是财富和

---

[1] 莱斯利·菲尔德(Leslie Field),*Bendor:The Golden Duke of Westminster*,1983年,第163页。

珠宝，还有保护。"我很幸运能够结识公爵"，她告诉采访者约瑟夫·巴里：

> 公爵同样也很害羞和胆小，但我从来没有像现在这样感到被保护着。他很坚定，同时也让人相处起来十分舒服。他能理解我——当然，我的工作除外。他让我感到平静。他很慷慨，也很单纯。

尽管许多认识香奈儿的人都认为她是个喜欢显摆的人，但香奈儿说她很欣赏公爵低调的行事方式。例如，格罗夫纳公爵不会穿着游艇服上岸，他会换上朴素一点的衣服，甚至是旧衣服。他一直穿着同一双鞋子。这双鞋子已经换了好多次鞋底，并且也经过了多次修补。"我讨厌优雅的男人！"香奈儿评论道。尽管她的许多男性友人，比如谷克多、霍斯特、谢尔盖·利法尔、达利（Dali）以及卢奇诺·维斯康蒂（Luchino Visconti），都非常优雅。[1]

对香奈儿来说，格罗夫纳公爵显然是英格兰最富有的人。他的房产田宅遍布欧洲，其中在苏格兰有三座猎苑，而在法国还有另外两座猎苑。公爵的伊顿堡（Eaton Hall）的车库里有十七辆劳斯莱斯，而他在柴郡（Cheshire）的巨大庄园，单是花园占地就超过40公顷（99英亩）。公爵有

---

[1] 约瑟夫·巴里（Joseph Barry），'An Interview with Chanel'，《麦考尔》(*McCall's*)，1965年11月，第173页。

自己的私家火车，还有两艘游艇：62米（203英尺）长的"飞云号"（Flying Cloud，排名世界前三十的大帆船之一）和一艘更大的蒸汽游艇"卡蒂萨克号"（Cutty Sark）。一位编年史学家记录道，当格罗夫纳公爵在地中海上航行时，无论何时他在港口靠岸，岸上跟行的劳斯莱斯车队都会立刻上前为他进行补给。[1] 公爵送出的礼物令人叹为观止：钻石、祖母绿、蓝宝石、珍珠，以及各种银饰和金饰。然而香奈儿后来回忆起格罗夫纳公爵时却说，打动她的不是他的财富，而是他的朴素和"令人愉快的气质"："他是个胖胖的小伙子，体重很大但很敦实强健，至少在外表上是这样。他的智慧在于他极度的敏锐性。"他以戏谑为乐，并不掩盖自己的怨恨，"一种小象似的可爱的怨恨"。虽然香奈儿承认公爵有时举止像个孩子，脾气也很差；但她对公爵的回忆中的那些温柔和含蓄，与其他人对公爵的描绘大相径庭。格罗夫纳公爵是一个臭名昭著的好色之徒，但香奈儿觉得自己对他来说是特别的存在。香奈儿确信公爵被自己深深地吸引住的原因是她从来不会像那些英国女性一样热烈地追求他。"如果你头衔响亮并且非常富有，你就不再是一个男人了。你会变成一只野兔，或是一只狐狸。"香奈儿说道。[2] 虽然香奈儿并没有追求公爵，但她还是被他

---

[1] 斯黛拉·马格森（Stella Margetson），*The Long Party: High Society in the Twenties and Thirties*，1974年，第71页。

[2] 保罗·莫朗（Paul Morand），*The Allure of Chanel*（1976年版），尤安·卡梅隆（Euan Cameron）译，2008年，第160、163页。

迷得头晕目眩。

不过根据洛丽娅的说法，香奈儿对公爵的吸引力可能正是她相对的默默无闻，至少对公爵自己所在的贵族世界来说是这样。"他只喜欢他所谓的真实的人。"洛丽娅写道，"除了他自己选择的少数例外情况，世界上没有任何一个名人或者不幸地拥有了头衔的人可以成为真实的人，无论他们多么迷人或聪明……真实的人恰恰都是默默无闻的。"[1] 极少数的几个例外中包括了温斯顿·丘吉尔，他与公爵在布尔战争（Boer War）中一起服役。同时取决于我们所知道的公爵对香奈儿的看法，或许香奈儿也是这几个例外中的一个。她毫无疑问是当时最迷人的女性之一。

香奈儿和公爵通过她的英国朋友维拉·贝特（Vera Bate）在蒙特卡洛结识。贝特在香奈儿的公司担任公关人员——她的职责包括穿着香奈儿设计的服饰参加派对、舞会以及其他社交场合，并且确保香奈儿那些富有的朋友们都注意到了这些服饰。公爵很快就注意到了四十出头的香奈儿。她无疑是迷人的，她脸上带着明媚的笑容，而独树一帜的风格使她在公爵那些珠光宝气的客人中脱颖而出。香奈儿看起来远比她实际的年龄要年轻。公爵请求贝特带香奈儿去飞云号赴宴，但当时香奈儿仍与德米特里大公保持着关系，因此这次邀约很显然需要费一番功夫才能打动

---

[1] 洛丽娅·庞森比（Loelia Ponsonby），*Grace and Favour*，第185页。

香奈儿。特别是当德米特里大公出人意料地现身之后,香奈儿坚持大公也一同被邀请赴宴。晚宴、舞会以及赌博游戏让这一晚变得特别漫长,而到宴请接近尾声的时候,公爵已经完全被香奈儿迷住了。他告诉香奈儿自己还想能够再次与她见面。

从一开始起,公爵可能就只是将自己与香奈儿的关系视为一种调情;但如果他曾想过让她成为第三任威斯敏斯特公爵夫人,那么她的年龄是一个决定性因素。公爵想要并且也需要一个男性继承人。第一任妻子为他生下了三个孩子:厄休拉(Ursula)、爱德华(Edward)和玛丽(Mary)。但爱德华4岁时死于阑尾切除术后的并发症。这场悲剧对当时29岁的公爵来说是毁灭性的,既是情感上的,同时也是经济上的。他的财产在未来无法由自己的孩子继承。悲伤转化为苦涩进而变成了愤怒。公爵将自己的怒火都倾泻在了妻子身上,指责她忽视了儿子的健康。当她第三次怀孕之后,公爵就立刻与她分了房。1910年公爵的第三个孩子玛丽(Mary)出生,他们的婚姻实际上也就结束了。在没有儿子的情况下,公爵的财产都将由一位年长的表兄继承,而公爵一点也不喜欢这个人。在通过聘请律师和代理人设立信托基金来保护他的财产的同时,公爵还有意培养一名新的继承人。

在第一任妻子希拉和第二任妻子维奥莱特中间,公爵还传过几次绯闻:音乐喜剧明星格蒂·米勒(Gertie

Millar)、芭蕾舞女演员安娜·帕夫洛娃（Anna Pavlova），以及传言中的妓女卡罗琳·奥特罗（Caroline Otero）。公爵似乎偏爱身材娇小、黑发、活泼的女人；而维奥莱特正是这些女人的原型。这些绯闻恋情中有些是同时发生的，这也让发现真相的女士们因为感到被背叛而伤心不已。但更多的女人与公爵有着露水情缘，与他一起出航，在游艇上寻欢作乐。如果她们晕船了，那么下次就不会再叫上她们了。公爵追求这些女性的方式都千篇一律：轻浮的吸引之后便是排山倒海一般的追求，不计其数的鲜花、珠宝以及其他奢华的礼物。

他们见面的第二天，公爵就开始了求爱，香奈儿在蒙特卡洛的酒店套房里瞬间摆满了花束。当香奈儿返回巴黎时，更多的花束（包括兰花）被送到她家。其中还有一筐筐水果以及在公爵苏格兰的一座庄园中捕获的鲑鱼。公爵想要，并且也将会和香奈儿再次相会。香奈儿说，虽然难以想象，但她在面对公爵的步步紧逼时仍然犹豫着不想投降。但很快，香奈儿就答应了公爵的请求。至此，香奈儿开始了自己人生中的英国篇章，穿梭于公爵在英格兰、苏格兰或法国的一个又一个的庄园，踏上他的某艘游艇，同时也将他的风格转化为自己的风格。

报纸记录了这一切。1925年开始，报纸就注意到了"巴黎设计师"嘉柏丽尔·香奈儿出现在伊顿堡（Eaton Hall）、里维埃拉（Riviera）和公爵的豪华游艇上。报纸甚至还报道了公爵花费一百万美元改装了游艇为两人的婚礼做准备。1928年11月《纽约时报》的头条是"香奈儿成为公爵的座上宾"。正如报纸对她的指称那样,"诱人的香奈儿女士"激发了一系列流言蜚语。[1]

正如在香奈儿与德米特里大公有染时期,俄罗斯款式和刺绣成为她的设计的特点一样,粗花呢(Tweed)和运动装从1925年开始在她的设计中获得了新的显著地位。香奈儿委托一家面料公司按照她的特殊要求制作粗花呢。从那之后,香奈儿便声称她可以分辨出织物是否真的使用了特威德河(River Tweed)的水制成。香奈儿的新系列的颜色灵感来源于马毯,《时尚芭莎》写道,短裙也加上了褶皱以方便运动。毛衣和背心被套在衬衫上展示,款式看起来像极了男士衬衫。[2] 1927年,法国版《时尚》中的一张插图,描绘了隆尚(Longchamp)街头几名穿着粗花呢的社交名流。而杂志中也出现了香奈儿穿着毛衣、裤子和登山靴的照片。[3]

1927年1月,温斯顿·丘吉尔见到了他称之为"著名的可可"的香奈儿。当时她参加了公爵在法国西南部偏远的米米赞(Mimizan)的伍尔萨克城堡(Château de Woolsack)举行的打猎活动。丘吉尔"很喜欢"香奈儿,

---

1 《纽约时报》(*New York Times*),1928年11月18日,第9页;1930年2月9日,第e3页。
2 《时尚芭莎》(*Harper's Bazaar*),1926年4月,第118、121页。
3 法国版《时尚》(*French Vogue*),1927年6月1日。

认为她"是一个极有能力且讨人喜欢的女人——这几乎是本尼（Benny）迄今为止遇到的最强大的女性"[1]。他为香奈儿的精力充沛而折服：在一整天的打猎活动之后，她还能开车回巴黎继续工作。据丘吉尔所知，当时香奈儿需要在三周内准备好200个款式样章，其中一些要修改多达十次。第二年秋天，丘吉尔和香奈儿再次在堆栈小屋（Stack Lodge）见面。这里是公爵的另一个修养地，位于苏格兰北部的拉克斯福德河（River Laxford）上，盛产鲑鱼。这一次，他们不打猎改捕鲑鱼，而香奈儿在与同伴们的竞赛中大获全胜。"她从早到晚都在捕鱼，"丘吉尔在给妻子的信中写道，"在两个月内她杀死了50条鲑鱼。……本尼过得很好，我想他与一个实力相当的人做伴非常开心——香奈儿的能力平衡了她与本尼在权力上的不对等。"[2] 或许香奈儿的直率让公爵感到有趣，但据洛丽娅说，公爵无法忍受任何女人可以与他平等的想法。洛丽娅本人正是被公爵指控试图支配自己，她面对的不仅有公爵的狂怒还有离婚的威胁。[3]

香奈儿比人们想象的更加精通英语，她从公爵的一位秘书那里补习英文课。公爵对香奈儿学习英语的事情并不热心，他确信她很快就会因为周边的闲言碎语而感到沮丧。

---

[1] 马丁·吉尔伯特（Martin Gilbert），*Winston S. Churchill*，Churchill to Clementine，1927年1月，第928~929页。
[2] 同上，1927年10月1日，第1059页。
[3] 洛丽娅·庞森比（Loelia Ponsonby），*Grace and Favour*，第217~218页。

但对香奈儿来说，双语使用有着很好的社会意义以及商业意义。毕竟，生意从来没有离开过她的脑海。她后来声称自己已经对英国乡村生活感到极度无聊，而她一工作公爵就会表现出拒斥，她感受到了公爵自身的痛苦带来的束缚和压力。但这些坦白都发生在他们分手，而公爵又另娶新人之后。

与此同时，公爵依然向香奈儿送出很多礼物，其中最引人注意的是一栋法式别墅（La Pausa）。据一位公爵的传记作者称，1928年香奈儿用自己的钱买下了这栋别墅；而同样香奈儿的名字写在了售卖合同上，日期是1929年2月9日。[1] 但其他人则坚持认为，公爵向罗克布伦第马丁（Roquebrune-Cap-Martin）的迈恩（Mayen）家族支付了180万法郎，买下了这片两公顷的俯瞰芒通湾（bay of Menton）的土地。为了在这片土地上建起自己的住所，香奈儿聘请了26岁的罗伯特·斯特莱茨（Robert Streitz）来着手设计工作，后者是一位被力荐给她的建筑师。香奈儿对别墅并没有具体的想法，因此斯特莱茨设计了一份草图，这份草图让香奈儿和公爵都很满意。当这份草图通过之后，不出所有熟识她的人的意料，香奈儿宣布将亲自参与到房屋建造的每一个环节之中。她的愿望都很苛刻。据斯特莱茨称，香奈儿想要一个巨大的石头楼梯，以重现她记忆中奥巴津

---

[1] 莱斯利·菲尔德（Leslie Field），Bendor，第205页。

的那个楼梯。斯特莱茨不得不前往奥巴津的孤儿院，并给那座楼梯拍了照片。尽管这片土地因为黏土层的存在而非常坚硬，香奈儿还是要求承包商埃德加·马焦雷（Edgar Maggiore）挖一个巨大的地基。为了让这栋别墅看起来上了年头，香奈儿坚持屋顶需要使用手工制作的弧形瓦片，这需要寻找大约20000块手工瓦片。百叶窗也必须看起来很古老。在施工期间，香奈儿每个月来一次罗克布吕讷（Roquebrune），她乘坐蓝色列车到蒙特卡洛，再坐出租车到达施工现场。

这座地中海式别墅由三个翼楼组成，每个翼楼面朝内部庭院，庭院由100000块沙砖铺成。别墅内部，所有的地板和嵌板都由橡木制成。每个房间都有一个大大的壁炉，中央暖气只覆盖了大走廊。卧室都配有阳台，同时还有一个大大的中央庭院沿着房子的三面延伸开来。深绿色的百叶窗挡住了夏天的阳光，厚厚的墙壁则在冬天保持了热量。整个别墅的配色以米色为主。别墅外围，香奈儿订了20棵100岁的橄榄树从安提比斯（Antibes）移植过来。所有这些特殊的配置、装饰和景观，使这座别墅的最终造价比建筑成本足足多了600万法郎。

与香奈儿位于康朋街的巴洛克式公寓不同，罗克布吕讷的这座房子是简约的代表。在门厅放着几张皮革覆盖的长椅和橡木餐桌。客厅的墙壁雪白，巨大的壁炉旁边围放着三张大沙发；橡木地板上铺着来自西班牙的柔软厚实的地毯；米色的威尼斯丝绸窗帘挂在高高的窗户上。一张橡木桌、一架三角钢琴和一座羊皮纸灯罩的台灯是此外仅有的家具。客人可以坐在满是橡木书架的图书馆的深扶手椅上，也可以去往庭院和花园游玩，或是在自己空气清新的卧室里休息。只有香奈儿自己的卧室与房子其他部分的简朴背道而驰。她的床上铺着米色塔夫绸床罩，而华丽的床头板则是由卷轴和星星组成的。

香奈儿在房子里摆满了自己花园里采回来的晚香玉、薰衣草和鸢尾花。在中央庭院中种了一棵橄榄树，提供了一些阴凉；前厅总是凉爽惬意，吸引客人前来。仆人们平时都不见踪影，只有在香奈儿摇铃叫咖啡的时候他们才会现身。除此以外，客人们都是在自助餐台自给自足。香奈儿通常直到午餐时才现身，甚至更晚。

公爵将三栋翼楼中的一栋改造成自己画水彩画的工作室。另外一栋则改造成了客房——谷克多曾多次因毒瘾或斑疹伤寒去那里修养。公爵在香奈儿的卧室隔壁有自己的套房。维拉·贝特和她的第二任丈夫阿尔贝托·隆巴迪（Alberto Lombardi）也住在这座庄园的一栋小房子里。

随着香奈儿声名鹊起，她与米西娅的友谊也发生了翻转。香奈儿不再需要米西娅的指导和建议；现在反而是米西娅需要香奈儿提供帮助了。是米西娅而不是香奈儿被自己的伴侣抛弃了；是米西娅而不是香奈儿现在沉浸在巨大的悲伤之中。1929年8月，米西娅在公爵的游艇上见到了香奈儿。塞尔特与她离了婚,并且娶了年仅20岁的罗赛德娜·穆迪瓦尼(Roussadana Mdivani)。米西娅来到香奈儿处,寻求在这次失败的婚姻结束后的避难所。米西娅很喜欢塞尔特。她允许这位自称罗西(Roussy)的年轻女子搬进他们的居所生活,并且对她抱有一种友爱甚至是母爱般的关怀。米西娅当时坚信塞尔特永远不会和她离婚。因为他们是在圣洛克天主教堂(Catholic Église Saint-Roch)结的婚,所以米西娅觉得塞尔特事实上也无法跟自己离婚。但是塞尔特找了一位法国律师和一位美国律师,想办法使得他们的婚姻被宣布为无效。当米西娅意识到了塞尔特的计划时,她说服自己她在乎的只是塞尔特能获得幸福,而她也想当然地认为这个幸福必然包括她的继续陪伴。所以当塞尔特和罗西邀请她参加一场爱琴海远洋旅行时,米西娅答应了。但她很快就意识到了这并不是她真正想要的,伤心不已的米西娅找到了她的朋友香奈儿寻求帮助。

当香奈儿和米西娅接到佳吉列夫病危的消息时,飞云号刚刚驶离南斯拉夫的海岸。两人急忙赶到威尼斯。佳吉列夫的秘书鲍里斯·科赫诺(Boris Kochno)和俄罗斯芭蕾舞团的舞者谢尔盖·利法尔正在那里照顾他。佳吉列夫刚刚从德国抵达威尼斯,此前他在德国求医,那里的医生将他的疼痛和虚弱诊断为风湿病。但现在他的病情恶化了很多,他的两位意大利医生却仍然不确定到底生的什么病。

他的后背疼痛难忍，也无法进食，甚至太过虚弱而无法行走。在经过几天各式各样的药物和按摩治疗之后，他的体温不断攀升到了41℃（106.8℉）。公爵从游艇上派了两名医生前来探望，但他们也被佳吉列夫的病情搞糊涂了；他们认为佳吉列夫得的或许是伤寒。事实上，是长久以来被忽视的糖尿病引发了佳吉列夫现在的病症。

有了香奈儿和米西娅的陪伴，佳吉列夫似乎好转了一点，至少他现在可以和访客们交谈了。到了傍晚，米西娅决定留在威尼斯，而香奈儿回到了游艇上。到了第二天，香奈儿依然非常担心她的朋友，并且请求公爵掉转船头回到威尼斯。然而她刚到威尼斯就接到了佳吉列夫已经在当天的黎明时分去世了的消息。米西娅、利法尔、凯瑟琳·德埃朗格男爵夫人、科赫诺以及香奈儿组成了运载佳吉列夫的棺材的贡多拉船队，他的棺材上铺满鲜花，被运往圣米歇尔岛（island of San Michele）的墓地。香奈儿为这次葬礼付了全部的费用。她对佳吉列夫的忠诚友谊可能激发了她与科尔·波特（Cole Porter）等人一起在1933年鲍里斯·科赫诺和乔治·巴兰钦（George Balanchine）成立自己的芭蕾舞团"Les Ballets"时提供了支持。

香奈儿在佳吉列夫下葬之后回到了游艇上，而她与公爵的关系也开始恶化。公爵可能因为她对另一个男人过分的关注而感到怨恨，尽管两者之间没有任何的男女之情。如果香奈儿对佳吉列夫的离去展现出悲痛之情——这个她称之为"最令人愉悦的朋友"的男人，她欣赏其对生活的热情，也赞美他的才华[1]——那么公爵就会因为妒火而爆发。他们可能因为公爵贬低了佳吉列夫的艺术成就而争吵过，因为公爵对几乎所有现代艺术都持贬低的态度。"任何他不理解的事物都会让他充满愤怒和仇恨。"洛丽娅回忆道，"任何现代音乐、绘画和雕塑对他来说都是不可容忍的，并且他会非常乐意亲手毁掉它们。"[2]

当然，香奈儿也可能是因为最终受够了公爵的沉溺女色而挑起了争吵。公爵对香奈儿并不忠诚，他频繁的绯闻让香奈儿觉得嫉妒和屈辱。当有一次他把一位年轻的女性带上游艇，而香奈儿还依然在场时，她挑明了自己绝不再忍受他的不忠。她坚持让公爵把自己的竞争对手在下个港口送下船，但没想到公爵旋即又带了新人回来。后来，香奈儿说女人"永远不应该因为男人的小需求而感到嫉妒，因为他的风流韵事而嫉妒。这些绯闻并不严重，也不能触及真爱"。另一方面，女人们有着更大的需求。"这并不会使她们变得更优越，"香奈儿说，"但确实能让她们与众不同。"有一次公爵问香奈儿他们俩不在一起的时候，她是否对自己保持忠诚。香奈儿回答说她确实和一些男人跳过舞，但"当他们试图掌控全局时，（她）就会离开"[3]。

---

[1] 保罗·莫朗（Paul Morand），*The Allure of Chanel*，第84页。
[2] 洛丽娅·庞森比（Loelia Ponsonby），*Grace and Favour*，第187页。
[3] 约瑟夫·巴里（Joseph Barry），'An Interview with Chanel'，第174页。

也有可能是公爵的热情冷却了,就像他与其他女人的关系一样;他可能意识到了,因为两个原因他们无法结婚:香奈儿的阶级和年龄。尽管看起来不守常规又无礼,但公爵肯定仍会受到英国贵族制的约束。此外,当他们的恋情结束时,香奈儿已经46岁了。尽管她咨询了医生和助产士,尽管她尝试了改变身体,但她仍然无法给他一个他迫切想要的儿子。香奈儿否认了曾告诉公爵说她不会嫁给他,因为"威斯敏斯特公爵夫人有很多,而香奈儿只有一个",尽管这句话在很多关于她的文章中反复出现。香奈儿坚持说,面对公爵的一再求婚,她告诉他,他们并不需要结婚,因为他们的恋情已经是如此的令人愉快。她说,只有当她怀孕了她才会嫁给公爵。但这更像是公爵提出了条件:只有香奈儿怀孕了,他才会考虑娶她。他的目标是一个继承人。在三个星期的追求之后,公爵向男爵之女洛丽娅·庞森比求婚了。洛丽娅的父亲弗雷德里克·庞森比爵士〔Sir Frederick Ponsonby,后来成了辛森比男爵(Baron Sysonby)〕是皇室的密友:国王的财务主管(Treasurer to the King)、王室内库的看管人(Keeper of the Privy Purse)和温莎城堡(Windsor Castle)的副总督(Lieutenant-Governor)。弗雷德里克爵士的弟弟亚瑟(Arthur)是工党(Labour Party)的领袖。除了血统,洛丽娅还有年龄的优势:1930年2月两人结婚时,洛丽娅只有27岁,比公爵小了二十多岁。

香奈儿显然是在洛丽娅和她的母亲在巴黎购买嫁妆时遇到了她。洛丽娅觉得这次会面很尴尬，因为香奈儿全程像对待小孩子一样对待她。此时公爵也在巴黎，他很有可能私下见了香奈儿。香奈儿对情人结婚后继续外遇并没有什么顾虑——有传言说，当年"男孩"卡柏出车祸时正是在去见她的路上——但公爵似乎已经失去了兴趣。

尽管没有了公爵在其间居住，法式别墅（La Pausa）仍然成了香奈儿社交生活的中心舞台。她在此高谈阔论，仿佛这里是一座宫殿，而她，也许是一位公爵夫人。其中一位宾客，作家罗德里克·卡梅隆（Roderick Cameron）回忆说，他造访时的大部分时间都在听香奈儿讲话，因为那时香奈儿已经很少停止演说了。香奈儿在失去勒韦迪后发生了一些变化。她在工作中表现出来的个性——专横、傲慢、不屑一顾、残忍——现在也在她的社交生活中占据了主导地位。"她的安静的沉思时刻消失了，"皮埃尔·加兰特（Pierre Galante）指出，"她在演讲、交谈、闲聊和嘲笑他人时变得咄咄逼人。她与朋友交往的方式也改变了。"她经常在别人的背后批评、攻击、八卦他。似乎任何"沉默更可取的场合，可可都要开始发言"[1]。她说话是为了填补生活的空虚，是为了不让自己被回忆和遗憾所淹没，是为了坚持自己存在的重要性。

"我认识三个人，他们都自言自语，从不听你的回答，

---

[1] 皮埃尔·加兰特（Pierre Galante），*Mademoiselle Chanel*，艾琳·吉斯特（Eileen Geist）、杰西·伍德（Jessie Wood）译，1973年，第138~139页。

并且认为你本质上是个白痴：克洛岱尔（Claudel）、科莱特（Colette）和香奈儿，"保罗·莫朗回忆说，"无论话题是猫的断奶、勃艮第焗蛋（eggs à la bourguignonne）、一处接缝还是上帝，他们都滔滔不绝地向你解释，仿佛你对此一无所知。"[1] 香奈儿曾经试图解释自己的行为。"如果我的朋友因为我不停地说话而取笑我，"她告诉克劳德·德莱，"那是因为他们没有意识到我惧怕别人让我无聊透顶。如果我死了，那我想我一定是无聊死的。"[2]

所以香奈儿不停地讲啊讲啊。当她允许其他人参与到谈话中时，她几乎从不听对方在说什么。但她的朋友们发现，香奈儿听到的东西会被她在往后用来对付对方。香奈儿几乎毫不犹豫就会背叛他人的信任，也毫不费力地就能用迷人并且真诚的同理心来引得他们说出自己想要的东西。"这是一种痛苦的感受，"香奈儿的一个律师回忆道，"一个人会非常想要成为她的朋友……有时，我会让自己对她吐露心声。但每一次，六个月、九个月或者一年后，我对她不假思索地倾诉的那些东西都要么像炮弹要么像霰弹一样打回到我身上。"[3]

"我记得她在法式别墅里，坐在阳台的地板上，双手抱

---

[1] 皮埃尔·加兰特（Pierre Galante），*Mademoiselle Chanel*，艾琳·吉斯特（Eileen Geist）、杰西·伍德（Jessie Wood）译，1973年，第76页。
[2] 克劳德·德莱（Claude Delay），*Chanel Solitaire*，芭芭拉·布雷（Barbara Bray）译，1974年，第125页。
[3] 引自皮埃尔·加兰特（Pierre Galante），*Mademoiselle Chanel*，第88页。

膝",卡梅隆回忆道:

> 我的思绪早已从我们的谈话中逃走,但她的存在却无法不引我注意,她像个假小子,但又有极富诱惑的女性气质——她的鼻子微微翘起,眼睛深邃又富有生气,说话时嘴角微微上卷。随着岁月的流逝,这双眼睛越来越透着精怪。

香奈儿穿得仿佛就要上台表演,休闲但格外时髦——宽松的长裤搭配毛衣以及大量的珠宝首饰:手镯、珍珠项链以及各种宝石。卡梅隆特别注意到了一枚镶嵌着红宝石与星星点点的绿宝石的马耳他十字架。在当时那个普遍由仆人侍奉用餐的时代,香奈儿创新使用了自助餐,客人可以自由挑选在温热的餐碟和浅盘中的食物。卡梅隆回忆说:"有仆人在身边,这让香奈儿很紧张。所以她把男仆们打发到储藏室,而让客人们自己照顾自己。这在 20 世纪 30 年代是一种不寻常的做法,尤其是在那种规格的宅邸中。"[1]

法式别墅展现的正是时尚插画中描绘的那种奢华场景,身材高挑、苗条的女性穿着设计师的服装出现在隆尚(Longchamp)等度假胜地,在花园或星空下用餐。通常,插画的标题会注明上流社会女性的名字,以及为她们设计服装的设计师。例如,1918 年 8 月 1 日的《时尚》中就有

---

[1] 罗德里克·W. 卡梅隆(Roderick W. Cameron),*The Golden Riviera*,1978 年,第 48~49 页。

一幅谢吕连衣裙的素描,标注着"艾尔西·德·沃尔夫(Elsie de Wolfe)小姐穿着银色刺绣和银布宽边的白色雪纺裙"。1924年,两名身着香奈儿服装的女性被描绘为身处新西兰科罗曼德尔半岛(Coromandel)的度假场景中。然而,到了1926年,虽然时尚插画中的场景变得更加细致,但女性的面孔却变得难以区分。例如,在1927年6月1日的法国版《时尚》中有一幅描绘赛马派对的插画。画面中包括了布勒特伊伯爵夫人(La Comtesse de Breteuil)和戴维斯夫人(Lady Davies),这两位女士都穿着香奈儿的衣服。然而,与早期的插画会展示这些女士的表情(这些表情,或是端庄娴静的,或是百无聊赖的)不同,这幅插画中女性的面孔仅仅是一笔带过的——一条线表示鼻子加一条深色斜线表示嘴唇。

这种消抹也出现在新制造的商店人体模型中,特别是在1925年推广装饰性艺术的盛大的巴黎博览会(Paris Exposition)上。优雅馆(The Pavillon d'Élégance)安放设置的人体模型夸张了女性身体的高度和苗条性。它们个子很高,胳膊和腿都很修长,但最引人注目的是她们没有面部特征。这种展示上的古怪又短暂的变化早于设计风格上的显著改变:到1927年,那些剪短了头发或者带着发带的女性们突然又留回了长发。以香奈儿为首的巴黎设计师们引导了这场新潮流。裙摆变长,腰部设计回归,裙子呈喇叭形。时尚记者指出,到1929年,十年来的男孩气外观已经消失。

20世纪20年代末,香奈儿采取了多项措施实现多元化。1927年,当她仍与公爵在一起时,她在伦敦开设了一家店铺,聘请了英国模特进行展示,并且雇用了英国的裁缝工们在一位法国首席的监督下开展工作。她的人造珠宝广受欢迎。美国的百货商店和小商店就像出售香奈儿服装的仿制品一样,也开始出售香奈儿在巴黎售卖的项链、手镯和胸针的复制品。

始于1929年10月股市崩盘的美国大萧条直到1931年才对法国产生影响。尽管国外经济陷入困境,巴黎仍盛行着寻欢作乐之风,《纽约客》(*New Yorker*)记者珍妮特·弗兰纳(Janet Flanner)将其描述为"历年来最盛大的盛装舞会季"。化装舞会特别受欢迎,这使得香奈儿有了另一项兴隆的生意——将年轻人打扮得酷似著名的社交名流。艾尔莎·麦克斯韦尔(Elsa Maxwell)、雷金纳德·费罗斯夫人(Mrs Reginald Fellowes)、克莱蒙-托内尔公爵夫人(Duchess of Clermont-Tonnerre)以及罗斯柴尔德家族(Rothschilds)中的某一位,往往是这些星光熠熠的聚会的东道主。

香奈儿也举办了自己的迷人派对,尤其是1931年7月的一次夏季聚会,该聚会登上了《纽约时报》(*New York Times*)的头条:"香奈儿用精彩绝伦的盛会大宴宾客"。文章报道称,"香奈儿女士的派对以其华丽的装饰以及丰沛的艺术才华而闻名"。文章描述了这场奢华的户外活动,在金色薄纱帐篷下,用特制的投影仪照明,并装饰着白色绣球花、紫丁香和百合花。嘉宾名单非常精彩:康苏埃洛·范德比尔特〔Consuelo Vanderbilt,当时她是雅克·巴桑夫人(Mme Jacques Balsan)〕,约瑟夫·威德纳(Joseph Widener)和他的儿子彼得(Peter),阿尔巴公爵夫人(the Duchess of Alba),尊贵的雷金纳德·费罗斯(the Hon. Reginald Fellowes)夫妇,艾尔西·德·沃尔夫〔Elsie de Wolfe,当时她是孟德尔小姐(Lady Mendel)〕,格洛丽亚·斯旺森〔Gloria Swanson,当时她在巴黎试镜〕,德米特里大公(the Grand-Duke Dmitri)和他的妻子奥黛丽(Audrey),菲利普·贝特洛(Philippe Berthelot)夫妇,保罗·莫朗(Paul Morand)夫妇,尤金·德·罗斯柴尔德男爵(Baron Eugene de Rothschild)夫妇,以及该市其他顶级名流。即使有其他设计师参加,报纸也懒得列出。[1] 对香奈儿来说,这份嘉宾名单并不特别,而她出现在王子、公主和大使举办的聚会上也并不罕见。同年12月,她出席了在香榭丽舍剧院为希腊克里斯托弗王子(Prince Christopher of Greece)举行的招待会,和"来自巴黎以及大都会生活各个领域的人"一起喝茶。据《泰晤士报》(Times)报道,

---

[1] 'Chanel Entertains at Brilliant Fete',《纽约时报》(New York Times),1931年7月5日,第24页。

香奈儿再次成为唯一出席的女装设计师。[1]

然而这种狂欢是短暂的,当大萧条袭击法国时,其影响一直持续到了1936年。香奈儿1931年的设计反映了一种新的朴素风格——在她的巴黎和伦敦系列中,棉布代替了丝绸,拉链代替了纽扣。《女装日报》于1932年2月4日报道称,香奈儿宣布大幅降价,并禁止草图画家参加新品发布会,以防止廉价仿制品出现。除了她的时装店和香水,香奈儿还想抓住一个新的机会来获得声望以及她所希望的财富:她要去好莱坞。

---

[1] 'Notables Enliven Paris Yule Season',《纽约时报》(*New York Times*),1931年12月13日,第n7页。

6 名伶

香奈儿小姐就像一头黑色小公牛。

——科莱特（Colette），1930[1]

20世纪30年代初，香奈儿已年近50岁，而她的许多顾客也是如此。她的时装不再被描述为"年轻的"，而是"讲究的"，并且为了与不稳定的经济相对应，还加上了"实惠的"。《时代周刊》（*Time*）称她是法国最富有的女性之一，身价约有1500万美元（900万英镑）。[2] 但不断变化的时尚界威胁到了她的霸主地位。突然间，她的竞争对手不再是波烈和薇欧奈（她可以预测他们的审美），而是一位大胆的意大利人——艾尔莎·夏帕瑞丽（Elsa Schiaparelli）。她比香奈儿小七岁，其风格甚至比香奈儿更加华丽。她那明亮的色彩和大胆的设计，其中一些灵感来自达利和谷克多，在20世纪30

---

1 科莱特（Colette），'Chanel par Colette'，*Bravo*，1930年4月，第36页。
2 'Haute Couture'，《时代周刊》（*Time*），1934年8月13日。

代看起来就如一战刚结束时的香奈儿一样新鲜。香奈儿发现她自己的一些顾客被吸引去了夏帕瑞丽的店铺，因此有些沮丧。夏帕瑞丽的展示间最开始是在和平街（rue de la Paix）4号的一间小阁楼里，1935年之后搬到了著名的旺多姆广场，成为香奈儿的邻居。更重要的是，夏帕瑞丽本人也极富魅力，时常出席艺术活动和最豪华的派对，并被拍到与各种迷人伴侣在一起的照片。除时装设计外，她在很多方面都对香奈儿在法国时尚界的顶峰地位构成了威胁。

和香奈儿一样，夏帕瑞丽在开始她的职业生涯时并没有制衣经验，但她充满勇气和想象力。她的审美与香奈儿的截然不同，她认为衣服应该是"建筑性的"，围绕女性的身体框架构建。"线条和细节的各种变化或者任何不对称效果必须始终与框架密切相关，"她说，"身体越得到尊重，衣服也就越有生气。"她当然注意到了当时的流行风格（这种风格是由香奈儿发起的）取消了腰部的剪裁并且压缩胸部，这两者都是夏帕瑞丽拒绝的。

> 将肩膀抬起来！
>
> 将胸部恢复原状，垫上肩膀，
>
> 别再丑陋无精打采了！
>
> 将腰部抬高到被忘却的原位！

将裙子加长![1]

当夏帕瑞丽在巴黎高级定制时装界成功占据一席之地时，这些便成了她的命令。很快，她成为这座城市的话题——她的声誉传到了美国和美国的百货商店那里。和香奈儿一样，她明白仿制可以为她提供免费的宣传，因此当百货公司的广告中出现符合她风格的服装时，她感到很高兴。另一点和香奈儿一样的是，她也会庆祝自己与艺术家的合作，她将这些艺术家的设计融入她时髦的毛衣和帽子中。

仅以整个1929年一年的时尚报道为例，夏帕瑞丽在时尚界的地位不断上升。2月，《纽约时报》注意到在主流时装系列中女士套装的盛行，包括香奈儿和夏帕瑞丽。春季，该报报道了浪凡、香奈儿和夏帕瑞丽的新系列中类似的色彩搭配和设计，都使用了粗花呢和立体的立方形图案；夏帕瑞丽色彩明亮的女士衬衫在比亚利兹的舞台上脱颖而出。到了当年秋天，该报已经将夏帕瑞丽视为法国时尚的代言人，报道了她对美国进行的为期三周的访问。在那里夏帕瑞丽展示了她的运动服装，其腰围较高，裙子长度为膝盖以下10~15厘米（4~6英寸）。她展示的时装系列包括飞行员服（亚麻布或黑色漆皮的带拉链外套）、高尔夫服（柔

---

1 艾尔莎·夏帕瑞丽（Elsa Schiaparelli），*Shocking Life*，1954年，第64页。

和的绿色)、沙滩服(短裤泳衣,内搭橙色衬衫)和滑雪服(色彩鲜艳的套衫外搭黑色华达呢罩衫)。还有一件由橡胶贴面的丝绸和羊毛制成的亮红色雨衣,搭配有夏帕瑞丽标志性的拉链。[1]

让·谷克多称赞夏帕瑞丽是一位了解女性既渴望随性又想凸显个性的着装诉求的设计师。在他惯常的对时尚界的吹捧中,谷克多宣称夏帕瑞丽可以"为所有女性设计衣服——依照她们的个性进行私人订制——这种发明创造曾经是极少数人享受的特权,是在生活这个'剧场外舞台'(drama-outside-theatre)中可以被视为女主角的那些人的特权。作为一位'古怪的裁缝',夏帕瑞丽在她旺多姆广场的店里建立了一座'魔鬼的实验室'"。[2]

夏帕瑞丽对美国的成功访问可能是香奈儿于1931年2月踏上自己的美国之旅的原因之一,她应塞缪尔·戈德温(Samuel Goldwyn)的邀请前往加利福尼亚(California)。香奈儿意识到她与谷克多和佳吉列夫合作的服装为她带来了正面的宣传作用,因此她相信在电影中的曝光将在广大的新受众中提高她的声誉。其他设计师也曾为电影设计过服装:让娜·浪凡为阿贝尔·冈斯(Abel Gance)的《拿破仑》(*Napoléon*)(1927年)进行过设计;1929年,让·帕

---

1 《纽约时报》(*New York Times*),1929年2月3日,第120页;1920年5月12日,第x14页;1929年6月9日,第x10页;1929年11月21日,第14页。
2 让·谷克多(Jean Cocteau),'From Worth to Alix',《时尚芭莎》(*Harper's Bazaar*),1937年3月,第172页。

图在帕布斯特（G. W. Pabst）的《潘多拉魔盒》（*Pandora's Box*）中为出演露露（Lulu）一角的女演员路易斯·布鲁克斯（Louise Brooks）进行服装设计；保罗·波烈参与了十二部法国电影的制作拍摄。但是现在，美国女演员越来越被视为潮流引领者：葛洛丽亚·斯旺森（Gloria Swanson）、艾娜·克莱尔（Ina Claire）、诺玛·塔尔梅奇（Norma Talmadge）——这些电影明星将成为香奈儿的免费模特。这次远征的另一个原因可能更个人化：在公爵与洛丽娅·庞森比结婚一年后，香奈儿需要为自己开辟一条新道路。又一次，香奈儿孤身一人。又一次，她向米西娅寻求帮助。米西娅陪她登上了开往纽约的欧洲号邮轮（ss Europe），这将是她前往好莱坞的旅途的第一站。当然，第三个原因是钱。萧伯纳（George Bernard Shaw）回忆他与塞缪尔·戈德温的一次谈话时说，他们"毫无困难地就达成了相互理解。他谈论艺术，而我谈论金钱。"[1] 香奈儿很可能也会这么说。这是显而易见的，戈德温给了她一百万美元。

香奈儿的这次旅程是个大新闻。3月4日，她抵达曼哈顿皮埃尔酒店（Hotel Pierre）后，记者们蜂拥至她的套房。通过翻译，香奈儿向记者们透露，她还没有与戈德温签订任何合同。但她同意与电影明星们会面，以便了解合约可能包含的内容。她承认自己在巴黎很少去电影院，但她记

---

[1] 让·谷克多（Jean Cocteau），*Past Tense: Diaries*, *vol. i*, 理查德·霍华德（Richard Howard）译，1987年，第146页。

得有这样一部电影。这部电影设定在寒冷的北方，影片中明星穿着一件露背晚礼服。她保证她的设计不会有这种错误。然而，记者们想谈论的并不是电影。相反，他们想记下她穿的衣服（缀有白色提花衣领和袖口的红色针织套装）；她对睡衣作为晚装的看法（香奈儿宣称道"我讨厌它们"）；以及她对男士香水的看法（"恶心！"）。[1]

珍妮特·弗兰纳在《纽约客》（*New Yorker*）上写道："这是第一次有如此重要的女时装设计师离开本土。"她显然忽略了此前香奈儿的竞争对手夏帕瑞丽的来访。

> 考虑到通行的风格设定对巴黎维持其金融和艺术脉搏的意义，香奈儿离开加利福尼亚州这件事肯定比范戴克（Van Dyck）离开英王查理一世（Charles I）的宫廷更重要。[2]

然而，香奈儿得了流感，在皮埃尔酒店休养了十一天，启程时间被迫推迟。最终，当她的身体足以支撑她乘坐横贯大陆的火车之后，香奈儿出发了，一路向西。

戈德温将香奈儿视为自己的私人珍藏，不断向好莱坞名流们炫耀她。这些名流包括葛丽泰·嘉宝（Greta Garbo）、玛琳·黛德丽（Marlene Dietrich）、凯瑟琳·赫本（Katharine

---

[1] 'Chanel Visits America'，《纽约时报》（*New York Times*），1931年3月8日，第121页。
[2] 珍妮特·弗兰纳（Janet Flanner），*Paris was Yesterday：1925—1939*，1972年，第77页。

Hepburn）和克劳黛·考尔白（Claudette Colbert）。戈德温介绍香奈儿是"有史以来最伟大的时尚大脑"，并将她带到他的新作品——由埃迪·坎特（Eddie Cantor）主演的喜剧《全盛时期》（*Palmy Days*）的片场。她的第二个项目是由葛洛丽亚·斯旺森（Gloria Swanson）主演的《今晚或永远》（*Tonight or Never*）。戈德温对服装没有什么想法，他只对获得香奈儿的名望加成感兴趣。而同样，香奈儿也对戈德温能为她做些什么感兴趣。然而香奈儿如何参与工作仍不得而知，戈德温希望她能以时尚顾问的身份每年来访两次，即不是在片场工作，而是了解女演员对特定角色的需求。香奈儿声称她将带着服装创意回到巴黎，然后将这些创意发送到好莱坞。在巴黎，她说："我将提前六个月为戈德温先生影片中的女演员创作和设计礼服。我会从巴黎寄去草图，而我在好莱坞的试衣师会在那儿制作礼服。"但一位只在模特身上设计衣服而从不画图的设计师如何传达自己的想法是一个谜。事实上这个过程翻转了过来。几个月后，葛洛丽亚·斯旺森（Gloria Swanson）抵达康朋街进行试衣。

香奈儿在好莱坞待了两周，然后又回到纽约待了一周，在那里她受到了卡梅尔·史诺（Carmel Snow）（《时尚芭莎》的编辑）和著名出版商康泰纳仕的款待。康泰纳仕与香奈儿的关系一直有些不稳定，但现在变得更加热络了。在复活节周日，香奈儿穿着米色西装，戴着配套的帽子，与朋友们一起参加了第五大道的复活节游行。香奈儿说，她很开心看到女人们穿着别致的节日礼服，并在其上装点着鲜花。香奈儿还忙于招聘新模特：4月10日香奈儿离开时，20名美国女性和她一起乘船回家。这次乘坐的是法国客轮巴黎号（French liner Paris）。

据阿克塞尔·马德森透露，香奈儿在夏天回到了好莱坞，为艾娜·克莱尔和琼·布朗德尔（Joan Blondell）主演的《希腊人有一种说法》（*The Greeks Had a Word for Them*）设计了服装，但她对与戈德温的合作并不满意，她为明星设计的服装也没有获得她想要的那种宣传。她偏向简洁的设计和相对保守的色彩在电影中显得有些古板和邋遢。尽管《华盛顿邮报》（*Washington Post*）的一篇文章坚称好莱坞是美国女性的新时尚中心，但香奈儿却很少在电影评论中被单独提及。[1] 香奈儿发现好莱坞是一个她无法主宰的世界。

然而，巴黎是。据摄影师霍斯特·P. 霍斯特说，20世纪30年代，当他24岁来到巴黎时，香奈儿是社交生活的中心。他很快就找到了一份在建筑师勒·柯布西耶（Le Corbusier）那里做学徒的工作，并因此进入了一个包括几位为《时尚》工作的摄影师的艺术圈子。通过珍妮特·弗兰纳，霍斯特受邀前往纽约为康泰纳仕工作六个月，担任

---

[1] 'Whence Come the Style Dicta for Mrs America?'，《华盛顿邮报》（*The Washington Post*）1932年5月8日，第tg2页。

时尚摄影师一职。在那里，他发现原创性的创意可能比在巴黎时受到更多限制。例如，当时没有模特经纪公司，被邀请来的模特是因为康泰纳仕的一些工作人员认识她们，认为她们可以拍好。许多模特其实是纳仕（Nast）的朋友，或者朋友的女儿。她们的拍摄方式和地点严格遵循惯例：在单色背景下摆出僵硬的姿势，突出服装的细节。六个月一晃而过，霍斯特回到了巴黎，开始为法国版《时尚》工作。

他很快就声名鹊起，并成为香奈儿世界中的一分子。他为娜塔莉·帕蕾（Natalie Paley）[她是她丈夫吕西安·勒隆（Lucien Lelong）的模特]拍了照片，并通过她认识了玛丽-劳尔·德·诺瓦耶（Marie-Laure de Noailles）、福尔科·德·佛杜拉（Fulco di Verdura，他为香奈儿设计珠宝）和谷克多。他在认识香奈儿之前就结识了夏帕瑞丽。1934年他为身穿一件"黑鬼"（blackamoor）戏服参加东方舞会（Bal Oriental）的夏帕瑞丽拍摄了照片。"六七年来，"霍斯特说，"在巴黎时装界，她比任何人都更受关注……夏普（Schiap）竭尽全力想要引起注意。她设计的用来当作帽子的高跟鞋是典型的夏帕瑞丽发明。天知道到底谁会戴它……但这件事成了新闻，而这正是她想要的。"[1]

20世纪30年代，对化装舞会的狂热让设计师们忙碌

---

[1] 瓦伦丁·罗福特（Valentine Lawford），*Horst: His Work and his World*，1984年，第109页。

不已，因为他们要为参加者制作服装，而同时自己也要出席这些舞会。1931年香奈儿参加殖民地宴会（Fête Coloniale）时扮作黑人（blacked up）；参加喜剧副本舞会（Bal des Copies de Tableaux）时扮成了艺术家贝尔特·莫里索（Berthe Morisot）；1935年，在东方舞会（Bal Oriental）上她扮作一名吉普赛人；1938年，在森林舞会（Bal de la Forêt）上她扮作了一棵树；1939年，在拉辛三百周年舞会（Bal du Tricentenaire de Racine）上扮作让-安托万·华托（Jean-Antoine Watteau）的画作《冷漠》（Indifferent）。1934年春天，霍斯特参加了华尔兹舞会（Bal des Valses），该舞会在布洛涅森林（Bois de Boulogne）湖中的一个岛上举行，由著名的宴会组织者尼古拉斯·德·金茨堡男爵（Baron Nicolas de Gunzburg）举办。这场舞会是德·金茨堡在永久移居美国之前向他的故乡城市做出的豪华精彩的告别姿态。宾客被邀请装扮成与19世纪末维也纳（Vienna）哈布斯堡王朝（Imperial Habsburg）宫廷相关的历史人物。其中一批最具想象力的嘉宾被邀请到《时尚》的工作室，穿着他们的宴会服装，由霍斯特为他们拍摄照片。凌晨两点，舞会才渐入尾声，霍斯特本人也被拍到与香奈儿同框，这也是两人的第一次见面。香奈儿穿着一件精致的环边黑色塔夫绸礼服，打扮成悼丧时期的维多利亚女王（Queen Victoria）的样子。

在巴黎，香奈儿是当时上镜次数最多的女性之一。霍斯特、曼·雷、阿道夫·德·迈耶男爵、乔治·霍伊宁根-休内（George Hoyningen-Huene）和塞西尔·比顿（Cecil Beaton）都为香奈儿拍摄过标志性的肖像。她身着黑衣，戴着珍珠饰品，举着香烟。1937年，弗朗索瓦·科拉尔（Francois Kollar）为香奈儿拍摄的照片成了 No. 5 香水的广告，这也是她最著名的作品。在科拉尔的照片中，香奈儿站在丽兹酒店公寓的壁炉前，穿着优雅的黑色礼服，脚着黑色踝带高跟鞋，戴着珍珠首饰。广告宣称："嘉柏丽尔·香奈儿女士首先是一位生活中的艺术家。她的衣服、她的香水都是以无瑕的戏剧直觉创造出来的。她的 No. 5 香水就像是爱情场景中的轻柔音乐。它激发想象力；也将这个场景不可磨灭地留在剧中人的记忆里。"

香奈儿是一位生活中的艺术家，据霍斯特说，也是一位精心策划着她的社交生活戏剧的艺术家。"她无所不在、无所不能"，他回忆道：

> 她争论着，并且像教皇一样说话；当达利在场时，她在自己的桌子上放置了一个闹钟。她认为在达利不受干扰地讲了十分钟之后，她也有权这样做。她常常一边说话，一边用手指在油灰中设计珠宝造型。人造珠宝只是她众多发明之一。[1]

---

[1] 霍斯特·P. 霍斯特（Horst P. Horst），*Salute to the Thirties*，1971年，第12页。

1932年，香奈儿决定从铅制玻璃转向宝石，在圣奥诺雷郊区（Faubourg Saint-Honoré）自己的家中举办了一场钻石珠宝展览，并且所得收益将捐献给慈善机构。正如珍妮特·弗兰纳在《纽约客》（*New Yorker*）上所描述的那样，这些设计都是：

> 精巧的星辰。奢华的不对称繁星耳饰；一条华丽的彗星形的项链，它长长的尾巴环绕过颈背，附在女士的项间；射线状的柔性手镯；新月状的帽用和头发饰品；以及一件精美绝伦的太阳状首饰，精心挑选出的形状色泽相互匹配的天然黄钻镶在黄金的底座上，熠熠生辉。

正如弗兰纳写的那样，在大萧条最严重的时期举办这场展览只是香奈儿"在其他人都认为事情为时已晚的时候一鸣惊人的恼人本能"的又一证据。[1]

对香奈儿来说，生活的艺术总是包括情人。1932年，她与26岁的卢奇诺·维斯康蒂有了一段浪漫情缘。据一位维斯康蒂的传记作者称，当维斯康蒂还是个孩子时，香奈儿就曾到他家位于切尔诺比奥（Cernobbio）科莫湖（Lake Como）畔的埃尔巴别墅（Villa Erba）吃午餐，这显然是在1922年她与米西娅和何塞·塞尔特一起旅行期间的事。当

---

[1] 珍妮特·弗兰纳（Janet Flanner），*Paris was Yesterday*，第86～87页。

时维斯康蒂大约是16岁。他再次见到香奈儿是在威尼斯，当时她与利法尔、米西娅和诺瓦耶子爵夫人（Vicomtesse de Noailles）一起拜访了维斯康蒂的嫂子们，即麦迪娜（Madina）和尼基（Niki）居住的宫殿。随后在巴黎，维斯康蒂通过麦迪娜和尼基举办的派对又一次见到了香奈儿。

一些曾经目睹两人在一起的人注意到，虽然维斯康蒂的法语说得很流利，但和香奈儿在一起的时候他却很腼腆，他将香奈儿视为一位"巴黎社会的伟大女神"。他经常和她一起在康朋街用晚餐，并在法式别墅打发时光。年轻、英俊、富有又殷勤的维斯康蒂满足了香奈儿对情人的所有要求。而另一方的维斯康蒂则注意到香奈儿的反复无常，她的骄傲、她的猫系性格以及她惩罚他人和自我惩罚的需要。[1] 霍斯特记得她"威逼"维斯康蒂为他自己的生活找到方向；1935年，为了给维斯康蒂一点动力，香奈儿把他介绍给了电影制片人让·雷诺阿（Jean Renoir），后者当时正在拍摄《乡间的一天》（*A Day in the Country*）。事实证明，这场相识对维斯康蒂的导演生涯至关重要，而对香奈儿来说也是如此：几年后，她为雷诺阿的《游戏规则》（*The Rules of the Game*）（1939）设计了服装。

对香奈儿来说，最后一次实现爱情的机会落在了艺术家、出版商、装饰师和散文家保罗·伊里巴（Paul Iribe）

---

[1] 盖亚·瑟瓦迪奥（Gaia Servadio），*Luchino Visconti：A Biography*，1983年，第42页。

身上。第一次世界大战之前，伊里巴出版了一份周刊《见证者》(Le Témoin)，其中他自己绘制的插图和漫画是一大特色。1914年，他与让·谷克多一起创立了《言词》(Le Mot)杂志，尽管名字如此，文中却配有大量华丽的插图。《言词》一年后倒闭了，但伊里巴找到了其他施展才华的机会：他是一位杰出的时尚插画家，尤其是他为保罗·波烈制作了一本豪华书籍《保罗·伊里巴眼中的保罗·波烈时装》(Les Robes de Paul Poiret, racontées par Paul Iribe)。波烈被这本书迷住了，也被神秘又迷人的伊里巴本人迷住了。波烈在他的回忆录中写道："他是一个极其奇怪的家伙，是一个像大公鸡一样丰满的巴斯克人(Basque)，既让人想起神学院的学者，又让人想起埋头书本的学究。在17世纪，他可能会成为一名宫廷神甫。"[1]

然而，伊里巴永远不会对隐居式的生活感兴趣。据说，他是一个渴望地位，特别是金钱的机会主义者。1918年，他与第一任妻子、女演员珍妮·迪里斯(Jeanne Diris)离婚，结束了他们七年的婚姻。他的第二任妻子更符合他的需求：梅贝尔·霍根(Maybelle Hogan)，她是一位美国的女继承人。伊里巴担任派拉蒙影业(Paramount Pictures)艺术总监一职后，这对夫妇便住在了好莱坞，但他经常与同事们［其中之一是塞西尔·B. 戴米尔(Cecil B. DeMille)］发

---

[1] 保罗·波烈 (Paul Poiret)，*King of Fashion: The Autobiography of Paul Poiret* (1931年版)，史蒂夫·海登 (Stephen Haden) 译，2009年，第48页。

生冲突。1926年，他被解雇之后与妻子和儿子一起返回了巴黎。在巴黎，梅贝尔资助了他的新项目：在圣奥诺雷郊区街开设一家商店，设计和销售家具、地毯、织物以及珠宝。经梅贝尔引荐，香奈儿委托伊里巴为她设计珠宝。到了20世纪30年代初，这种商业合作变成了婚外情。当梅贝尔发现了伊里巴的背叛后，她决定离开他，带着孩子们（他们在1928年又生了一个女儿）回到了美国。

香奈儿的朋友们不禁注意到她显然处于热恋之中。香奈儿后来声称后悔自己对伊里巴怀有情愫。她对保罗·莫朗喊道："我是多么地厌恶激情啊！这个东西多么可憎，是一种多么可怕的疾病啊！"

> 激情让你觉得每天都身处卢尔德[1]（Lourdes）……我极度爱慕保罗，很喜欢他。但现在他去世了，过了这么长时间，一想起他曾在我周遭营造出的那种激情氛围，我还是不禁感到恼火。他让我筋疲力尽，他毁了我的健康。[2]

1919年，当香奈儿在时尚界崭露头角时，伊里巴在巴黎的知名度比她要高。但到了20世纪30年代，香奈儿成了明星，而伊里巴的声誉却一落千丈。香奈儿逐渐相信，

---

[1] 城市名，位于法国西南部，是全法最大的天主教朝圣地。——编者注
[2] 保罗·莫朗（Paul Morand），*The Allure of Chanel*（1976年版），尤安·卡梅隆（Euan Cameron）译，2008年，第110~111页。

伊里巴的嫉妒使他变成了个施虐狂。"伊里巴是爱我的，但背后的原因他却从未向自己承认过，也从未向我承认过；他爱我，同时也暗暗希望毁掉我，"香奈儿说，"他渴望看到我被压垮、被羞辱……如果他看到我完全属于他，一贫如洗，落到无助又走投无路，开着一辆又小又破的车的田地，他一定会喜不自禁。"[1] 然而两人之间依然热情如火，香奈儿决定让伊里巴成为自己的合伙人，给予他完全的自主权力，并让他主持了一场香奈儿香水公司的董事会会议，震惊了在场的董事会成员们。同样令许多认识她的人感到震惊的是，香奈儿和伊里巴计划结婚的传言。"像香奈儿女士这样一位有独立精神的女性将要结婚的消息在她的朋友们中掀起了轩然大波，"《纽约时报》写道，"但转头他们又说，'你永远无法确定可可下一步会做什么'。"这篇文章中披露的另一个令人惊讶的事情是，香奈儿计划从圣奥诺雷郊区的房子搬到一个更朴素的家中，而将"她的大部分财产捐给慈善机构"。[2] 显然，搬到一栋更朴素的房子是伊里巴的主意。香奈儿说伊里巴批评她不够简单。"所有这些东西有什么意义？"他责备香奈儿道，"你的生活方式正在毁掉你……为什么你需要这么多仆人？……如果你能学会如何从空无一物中获得快乐，我就会更经常来这里，我也可

---

[1] 保罗·莫朗（Paul Morand），*The Allure of Chanel*（1976年版），尤安·卡梅隆（Euan Cameron）译，2008年，第111～112页。
[2] 'Mlle Chanel to Wed Her Business Partner; Once Refused the Duke of Westminster'，《纽约时报》（*New York Times*），1933年11月19日，第e3页。

能会住得离你近些。"[1] 香奈儿在家附近租了两个房间,并在那里添置了一些她认为的必需品:一些她最喜欢的书,以及一些珍贵的地毯。香奈儿问伊里巴,这就是你想要的生活吗?正如香奈儿猜测的那样,伊里巴对此很反感。香奈儿很快就搬回丽兹酒店,而伊里巴则在她对面的房间住下了。香奈儿说,伊里巴是"(她)见过的最复杂的人"。[2]

伊里巴自己的一些问题影响到了香奈儿。伊里巴是一名仇外者、反犹太主义者、激进民族主义者和反动分子。他为法西斯主义喝彩,并且欣赏纳粹德国所宣扬的秩序和纪律。1933年,当香奈儿资助重版《见证者》(*Le Témoin*)时,伊里巴的右翼观点在其中得到了充分展示。同样在其中被充分展示的还有香奈儿,伊里巴在一幅画中将香奈儿描绘成法国的化身:堕落、受伤、日渐衰弱。尽管如此,香奈儿还是很崇拜他,她相信自己终于在50岁的时候找到了一生的伴侣。

1935年9月的一个早晨,香奈儿和伊里巴正在罗克布吕讷打网球。就在香奈儿走到网前告诉伊里巴不要打得太用力时,他透过眼镜看了香奈儿一眼就倒下了。伊里巴犯了严重的心脏病。香奈儿为那天早上强迫伊里巴打球而后

---

[1] 保罗·莫朗(Paul Morand),*The Allure of Chanel*,第109页。
[2] 同上,第108页。

悔不已，悲痛排山倒海般袭来，她崩溃了。"香奈儿再也无法入眠，"克劳德·德莱说，"赛多（Sedol，有效成分为阿洛巴比妥）是她抵御夜晚的最后一道防线——终极而孤独的渗透。"[1]

她再次一头扎进工作，在工作中她一直能够保持控制力。但在1936年，这个世界正面临威胁。如果香奈儿将她的成功解释为运气，那么当莱昂·布鲁姆（Léon Blum）的"社会主义人民阵线"（Socialist Popular Front）控制了法国政府并引发了一场经济革命时，她的好运就发生了变化。全法国的工人们都举行了罢工，争取八小时工作制和带薪休假等保障。香奈儿自己的工人也加入了罢工：其中的150个工人占领了工作室，中止了生产和销售，要求香奈儿提高他们的工资并且一周一付，而不是计件算钱。香奈儿拒绝了，并告诉他们以现在如此糟糕的经济环境，她无法实现他们要求的那种合同。根据《纽约时报》的头版报道，香奈儿反过来给了工人们一项提议。香奈儿说工人们可以自己运营工作室，风险自担，而她将担任无薪顾问。如果他们拒绝了这项提议，那么她将别无选择，只能永久关闭工作室。然而工人们要想接手工作室，就需要拿出足够的资金来运营这家时装屋——这是一个不太可能实现的

---

[1] 克劳德·德莱（Claude Delay），*Chanel Solitaire*，芭芭拉·布雷（Barbara Bray）译，1974年，第153页。

计划。[1]

工人们对这个提议不感兴趣,继续向香奈儿施压,催促她与他们见面。香奈儿也非常固执,继续选择拒绝。到了6月中旬,她的律师雷内·德·尚布伦(René de Chambrun)向她建议,如果她希望挽救自己的生意,就必须会见工人代表。最终,6月30日香奈儿同意与工人们进行谈判。在香奈儿答应了他们的一些要求后,工人们离开了,时装屋于7月1日重新开业。7月26日,《纽约时报》刊登了一则小广告,黑色的框线,标注地点为巴黎:"为了终结令人不快的谣言——香奈儿女士宣布,她将于8月5日展示她的冬季系列。"香奈儿会继续自己的生意,而她的工人们则继续选择反抗。香奈儿将之视为公然的背叛,这让她很受伤。

---

[1] 'Chanel Offers Her Shop to Workers to Run, Rather Than Make Contract She Can't Keep',《纽约时报》(*New York Times*),1936年6月19日,第1页。

7 历史

当有一天女人失去了勇气,她就老了。

——香奈儿,1937[1]

一种新的廓形成了20世纪30年代时尚界的标志:细腰连衣裙。荷叶褶边、花型、蕾丝——所有这些特征都标志着十年前为香奈儿赢得声誉的纤细、朴素风格的终结。和其他设计师一样,香奈儿也主动迎合了这一变化,推出了带有"紧身的"腰部和荷叶边的连衣裙、类似衬衫的棉质网眼布女式短上衣、华丽的宝石扣和蝴蝶结;时尚记者评论说,没有人能像香奈儿那样精致地处理蕾丝。香奈儿逐渐被描述为"最懂服饰中所有与女性气质有关的部分的人"[2]。

---

[1] 香奈儿(Chanel),'Secrets de jeunesse',《嘉人》(Marie Claire),1937年11月5日,第33页。
[2] 弗吉尼亚·波普(Virginia Pope),'Paris Proposes and New York Accepts Super-Feminine Styles',《纽约时报》(New York Times),1938年6月19日,第40页。

不出所料，女性们开始试图塑造自己的身体以适应这一新的时装风格。"减肥菜单"登上了报纸和杂志的版面，建议女性每天摄入约 1100 卡路里的热量，并进行屈体练习，以达到一种"香槟杯"形的身材。沙漏形的身影消失了，被人们遗忘。《时尚》上刊登了一张照片，照片中一位模特正在擦着身体乳，这种身体乳似乎可以使得脂肪变硬并且随着冲洗一同去除。制造商还提供一种特殊的紧身胸衣。在名为"一件搞定（All-in-One）"的胸衣广告中，内衣公司法国百合（Lily of France）问道："你想拥有薇欧奈的希腊式挺胸线条、香奈儿的纤细腰线以及帕图的优雅臀线吗？让这款法国百合牌人丝细花绸'一件搞定'帮助你与巴黎春季时装"线条一致"吧。"[1]

1937 年 4 月，就在时尚领袖们在万众瞩目的巴黎国际艺术与技术博览会（Paris International Exposition des Arts et Techniques）上展示他们的作品前一个月，连衣裙的款式变得格外有浪漫气息。时尚记者注意到裙子的线条宛如林中仙女的身形，腰部收紧，裙摆比以往任何时候都更加宽大——所用面料高达 27 米～37 米（88 英尺～121 英尺）。香奈儿是几位强调衬裙的设计师之一。《纽约时报》时尚编辑弗吉尼亚·波普（Virginia Pope）描述道："与它的颜色形成鲜明对比的是它飘逸的罩裙，裙摆随着走动的步点有

---

[1] 《纽约时报》（*New York Times*），1931 年 3 月 20 日，第 13 页。

节奏地起伏，摇曳生姿。"[1]

高级定制时装界的老牌精英仍然是香奈儿的竞争对手：除夏帕瑞丽（Schiaparelli，她的宽肩款式强调了精巧纤细的腰线）外，梅因布彻（Mainbocher）、慕尼丽丝（Molyneux）、浪凡（Lanvin）、帕图（Patou）、薇欧奈（Vionnet）和沃斯（Worth）主导了巴黎时装界。但现在，越来越多的年轻设计师（均在40岁以下）登上了舞台，其中包括梅吉·罗夫（Maggy Rouff，其简约和精致的设计与香奈儿相呼应）、雅克·海姆（Jacques Heim，皮草和泳衣设计领域的创新者）、查尔斯·凯芮德（Charles Creed，他是一家拥有200年历史的时装屋的继承人，以其剪裁优雅的西装而闻名）、马塞尔·罗莎（Marcel Rochas，因其设计的运动服装而备受推崇）和阿利克斯·格雷斯［Alix Grès；阿利克斯时装屋（House of Alix）的创始人，她在垂坠性方面的天赋启发了薇欧奈，而她直接在模特身上进行设计的技术以及对柔软套头衫的偏爱启发了香奈儿］。1937年8月推出的冬季系列中，香奈儿和阿利克斯共同登上了《纽约时报》的头条，并列为当季风格的领导者。文章用12个段落称赞阿利克斯的设计"迷人""引发轰动"和"是个奇迹"，用10个段落

---

[1] 弗吉尼亚·波普（Virginia Pope），'The Season's Fashion High Spots Are Imported From Paris By New York'，《纽约时报》（*New York Times*），1937年4月4日，第94页。

写香奈儿"迷人"以及"充满新颖和清新的精神"。[1] 除与其他法国设计师的竞争外，香奈儿还很清楚美国时尚界正在遍地开花。弗吉尼亚·波普带着爱国自豪感宣告了这一发展，她在20世纪30年代以及40年代在《纽约时报》上发表的文章得意地记录了年轻设计师们的崛起，他们"言词无法形容又不可思议的"才华正是独一无二的美国性。[2] 不过，香奈儿的年轻竞争对手中还没有人成为名人。例如，阿利克斯虽然娇小迷人，但她也很谦虚、害羞；不工作的时候，她就待在家里陪女儿。

另一方面，香奈儿则持续出现在新闻中。她出现在蒙特卡洛；出现在威尼斯利多岛；与谢尔盖·利法尔、玛丽-劳尔·德·诺阿耶、伊戈尔·斯特拉文斯基以及他的情妇维拉·苏戴金（Vera Soudeikine）共进晚餐。她邀请法国版《时尚》为她的法式别墅做个广告，包括一张香奈儿爬树的照片，一张香奈儿在楼梯上摆姿势的照片，还有一张香奈儿穿着一件绸缎床用短夹克靠在卧室的枕头上的照片。她与利法尔一起登上了《时尚》，穿着时髦的白色休闲裤，戴着头巾；《时尚芭莎》中的插画展现了香奈儿在卡普里岛（Capri）骑着驴子（她和米西娅正在那里度假）、喝着美式

---

[1] 弗吉尼亚·波普（Virginia Pope），'Paris Silhouettes Sensible This Year: Chanel and Alix Show Longer Skirts, Normal Shoulders and Waistlines'，《纽约时报》（*New York Times*），1937年8月3日，第25页。
[2] 弗吉尼亚·波普（Virginia Pope），'The New York Studios'，《纽约时报》（*New York Times*），1937年10月3日，第98页。

咖啡，在奎西塞纳酒店（Hotel Quisisana）跳舞的场景。[1] 1938年6月，《时尚》又刊登了香奈儿的消息，她参加了福西尼-卢辛格王子及王妃（Prince and Princess de Faucigny-Lucinge）在蒙特卡洛的巴黎酒店（Hotel de Paris）举行的宴会，其他出席的嘉宾包括德米特里大公、克里斯蒂安·贝拉尔（Christian Bérard）、达利、埃蒂安·德·博蒙特伯爵和鲍里斯·科赫诺。

香奈儿是第一位出现在香奈儿5号（Chanel No. 5）香水广告中的女性，散发着魅力；霍斯特为她拍摄了那张令人难忘的经典照片。霍斯特在时尚界的声望因为他的创新性而不断上升。尽管当时胶片的曝光时间非常慢——通常需要两三秒——这使得模特无法表现出充沛的情感，但霍斯特依然努力展现出模特的个人特质，他是少数使用布景的摄影师之一。他设计了一种照明装置，使得拍摄黑色衣服的同时不会洗掉女性本身的肤色。大萧条后，当《时尚》和《名利场》都在艰难维持时，康泰纳仕经常求助于霍斯特提供照片，以激发人们对这些杂志的兴趣。从香奈儿愿意接受霍斯特的拍摄来看，她似乎也很欣赏霍斯特的作品。

1937年夏天，霍斯特得到了为香奈儿拍摄照片的机会，当时他应邀与美国《时尚》的编辑贝蒂娜·威尔逊［Bettina Wilson，后来改姓巴拉德（Ballard）］一起在巴黎

---

[1] 'On the Isle of Capri'，《时尚芭莎》（*Harper's Bazaar*），1939年1月，第77页。

国际博览会罗马尼亚馆（Romanian pavilion of the Paris International Exposition）的一家优雅的餐厅共进晚餐。香奈儿和米西娅也在那里与一位朋友——刚刚抵达的埃及人费利克斯·罗洛（Félix Rollo）一起用餐。霍斯特认识后者，罗洛便邀请霍斯特和贝蒂娜一起用餐。罗洛一行人很快就吃完饭离开了，但有人看到霍斯特和他们一起吃饭了，于是这一消息很快就登上了法国《时尚》。编辑们都在问，香奈儿会同意让霍斯特拍一张她穿着自己品牌的衣服的照片吗？

当香奈儿带着助理出现在工作室时，她身着一件白色蕾丝连衣裙。当霍斯特把样张寄给她时，香奈儿认为霍斯特把她的衣服拍得很好，却没有拍好她这个人。"我怎么可能给你拍出一张好的肖像呢？"他回复道，"我几乎不认识你。"所以几天后，香奈儿邀请霍斯特到她位于丽兹酒店的公寓共进晚餐，一同赴宴的还有他们共同的朋友，法国《时尚》的编辑索兰奇·德艾恩（Solange d'Ayen）。第一次来到这间公寓的霍斯特觉得这里很宽敞，尽管后来他意识到这里其实很小。房间里面尽是昂贵且精心挑选的家具，包括壁炉旁的一把躺椅和那座著名的科罗曼德漆屏风（Coromandel lacquer screens）。晚餐是从酒店端上来的，由侍者服务用餐。"出于一种相当野蛮的乐趣"，香奈儿开始动手撕扯索兰奇穿着的夏帕瑞丽套装，以表明它的制作有多糟糕。索兰奇表现得非常平静，而一旁的霍斯特则感到既害怕又着迷。

接下来的一周,香奈儿再次来到《时尚》的工作室,这次是为自己拍照。这次香奈儿也带了一名助手,为她拿着包和珠宝。不过,这次见面,香奈儿穿了一袭黑衣。霍斯特记得贝蒂娜·威尔逊留在工作室里观看了这次拍摄,不断摆弄霍斯特拿出来供香奈儿挑选的一些珠宝。香奈儿恼怒地告诉她,她可以拿走其中一条项链,但"有一个条件:你别再来打扰我们"[1]。这次拍摄比第一次要成功得多。这次拍摄的一组照片中,有一张香奈儿斜倚在躺椅上,穿着黑色连衣裙,头发上系着一条丝带,手指间夹着一支香烟;另一组照片中,香奈儿同样穿着黑色衣服,戴着镶有宝石的帽子,挑衅地看着镜头。[2] 她很喜欢这些肖像,订购了很多副本,并向霍斯特索要账单。

霍斯特没有把账单寄给香奈儿,取而代之的是一张便条,他在便条中声称为她拍照很荣幸。香奈儿于是又提出了一个新要求:她要霍斯特邀请她和米西娅前往他在圣罗曼街(rue Saint-Romain)的住所共进晚餐。

于是,香奈儿和米西娅结伴来到霍斯特的公寓。她们穿着华丽的长袍和及地黑色貂皮大衣,在壁炉前的一张牌桌上吃了些小牛肉,霍斯特的管家在一旁侍奉。香奈儿注

---

[1] 霍斯特·P. 霍斯特(Horst P. Horst),*Salute to the Thirties*,1971 年,第 152 页。
[2] 同上,第 12 页。

意到，这套公寓陈设稀疏且简单。两个女人大部分时间都在彼此交谈，霍斯特因此认为她们更多的是"对她们的小冒险感兴趣"。香奈儿似乎很享受地向米西娅炫耀霍斯特，但他很清楚香奈儿并不希望他与米西娅成为朋友。多年后，当霍斯特最后一次见到米西娅时，她跟霍斯特说道："那个邪恶的可可，她从来不允许你我互相了解。"[1]

晚餐后的第二天早上，香奈儿把霍斯特叫到康朋街。霍斯特跟着她来到阁楼，那里堆满了她在圣奥诺雷郊区房子里的家具和物品。他欣赏着一件又一件美丽的作品，丝毫没有意识到香奈儿以冲动的慷慨而闻名。第二天，一辆面包车停在了他的公寓门口，送来了他前一天称赞过的所有椅子、操作台以及镜子。对霍斯特在巴黎的公寓来说，这些家具似乎太奢华了，所以他很快就把它们运到了他能俯瞰着曼哈顿东河（East River），位于萨顿广场（Sutton Place）的公寓中。[2]

作为香奈儿圈子里的一员，霍斯特观察到香奈儿会利用社交场合进行表演，而她所有剧目中最拿手的一项就是诱惑他人。香奈儿毫不掩饰自己对他或是其他人的吸引力，即使她知道这个人的性偏好是其他男人。香奈儿经常邀请霍斯特陪她参加各种活动，例如去看歌剧，参加谷克多的

---

[1] 霍斯特·P. 霍斯特（Horst P. Horst），*Salute to the Thirties*，1971 年，第 279 页。
[2] 同上，第 156 页。

《圆桌骑士》(Les Chevaliers de la Table Ronde)的彩排或观看新的戏剧作品。被看到与年轻男人在一起让香奈儿感到自己有吸引力又性感——比如霍斯特，他比香奈儿小了二十多岁。

54岁的香奈儿在一本新时尚杂志《嘉人》(Marie Claire)中分享了她的保持青春的秘诀。"噢，青春啊！你要怎样才能保存它？"她自问自答。要拥有自信，用勇气武装自己，保持内心和精神的活力。最重要的是，要顺其自然。香奈儿说，年轻的精气神会从一个人的脸上散发出来；内在美会让女人的外表变得美丽。一个女人永远不要抱怨"我不再年轻了"，或者假装天真。想要让岁月流逝变得优雅，就必须懂得如何活得优雅。男人所爱的女人——无论是作为伴侣、作为情人还是作为妻子——都是那些能够让他们的生活得到放松、困难得到消解的女人。香奈儿说，40岁以后，女人就要为自己的容貌负责。皱纹多一点，少一点，又有什么关系呢？重要的是优雅，更重要的是精气神——这才是真正的年轻，是精神和心灵的年轻。[1]

对香奈儿来说最重要的是受到爱慕。伊里巴去世后，香奈儿的名字与其他几个男人联系在一起。西班牙雕塑家阿佩尔·莱斯·费诺萨（Apel. les Fenosa）就是其中之一。1939年，费诺萨从祖国西班牙返回巴黎后，他为香奈儿制

---

[1] 香奈儿（Chanel），'Secrets de jeunesse'，第33页。

作了一座头部雕像，两人显然成了恋人。据阿克塞尔·马德森说，香奈儿曾短暂地爱上了哈里森·威廉姆斯（Harrison Williams），一位富有的美国人，他的妻子（一位时装模特）是新任温莎公爵夫人（Duchess of Windsor）的朋友。香奈儿冲动的风流韵事一直持续到她去世。出版商同时也是著名的好色之徒盖·舍勒［Guy Schoeller，他最有名的一位妻子是弗朗索瓦丝·萨冈（Françoise Sagan）］承认，20世纪60年代，有一次在与海伦娜·拉扎雷夫和皮埃尔·拉扎雷夫夫妇［Hélène and Pierre Lazareff；海伦娜是《她》（*Elle*）的创始人，而皮埃尔是《法国晚报》（*France-Soir*）的创始人］共进晚餐后，舍勒开着他的梅赛德斯巴比龙（Mercedes Papillon）送香奈儿回家。香奈儿被他的魅力所折服，向他求婚。1961年，《女装日报》巴黎分社社长詹姆斯·布雷迪（James Brady）遇见香奈儿时，正三十出头。布雷迪称自己是香奈儿"最后的爱恋"。当香奈儿逐渐迷恋上他时，已年近八十。女性朋友们记得，每当一个男人走进房间时，香奈儿就会高兴起来，无论这个男人是谁，无论她本人年纪如何。诱惑他人是一种条件反射。

从职业角度来看，香奈儿似乎显得焦躁不安。尽管她的时装秀仍在继续按计划进行，时尚界视她为优雅的源头，但她知道自己已不像十年前那样被视为叛逆者、创新者以及领导者。高级定制时装的客户不断减少，同时美国政府决定采取行动打击非犯罪走私，即打击从欧洲带奢侈品入境但未申报价值和缴纳关税的男男女女。时装设计师的客户长期以来一直在购买商品时剪掉标签，将它们藏在行李箱中，然后让家里女佣重新缝制它们。现在，政府正打算起诉这些罪犯，对他们处以罚款，甚至将其判刑入狱。1938年12月，纽约最高法院法官埃德加·J. 劳尔（Edgar J. Lauer）的妻子埃尔玛·N. 劳尔（Elma N. Lauer）在警察突击搜查了她位于公园大道（Park Avenue）的公寓后承认了多项指控。控告中包括香奈儿、夏帕瑞丽和其他著名设计师设计的连衣裙。喜剧演员乔治·伯恩斯（George Burns）和杰克·本尼（Jack Benny）被指控走私珠宝。1939年5月，海关人员——他们经过专门训练，可以识别出高级时装礼服，即使它们没有标签——对曼哈顿上东区（the Upper East Side of Manhattan）一位詹姆斯·C. 艾尔（James C. Ayer）夫人的顶层公寓进行了长达三个小时的搜查。他们发现了37件物品，分别是在三次欧洲旅行中购买的，其中包括几件香奈儿设计的商品。例如，1935年艾尔夫人带回的价值4500英镑的裙子和皮草只申报了450英镑。

香奈儿抱怨那些只买一两件衣服的顾客，以及那些在设计师中换来换去的顾客。20世纪30年代，香奈儿最喜欢的客户是美国社交名流劳拉·科里根（Laura Corrigan），她是克利夫兰（Cleveland）钢铁大亨詹姆斯·科里根（James Corrigan）的遗孀，极其富有；以及芭芭拉·霍顿

(Barbara Hutton），她是伍尔沃斯（Woolworth）的女继承人，在参加温莎公爵（Duke of Windsor）和沃利斯·辛普森（Wallis Simpson）的婚礼时购买了大约30套服装。有过多次婚姻的霍顿曾与罗西·塞尔特（Roussy Sert）的兄弟亚历克西斯·姆迪瓦尼（Alexis Mdivani）结婚，两人于1935年分手。香奈儿完全可以指望科里根以及霍顿一次性购买多套时装。香奈儿还可以信赖罗西，罗西在《时尚芭莎》杂志的专访中声称她所有的服装——以及她的时尚格调——都必须归功于香奈儿。

1938年冬天，香奈儿正在洛桑，她再次卷入塞尔特家族的复杂生活之中。12月15日下午，米西娅从卢尔德（Lourdes）打电话给亚历克斯-塞拉斯·热乌斯基（Alex-Ceslas Rzewuski），他是一位多米尼加修道士（Dominican friar），也是米西娅的密友。热乌斯基当时正在弗莱堡（Freiburg），米西娅的电话是为罗西寻求帮助，非常急切。罗西和塞尔特此前一起出船巡航，但返家后不久她的健康状况就恶化了。这对夫妇当时正在洛桑，当地医生首先将她的病情的急剧恶化归因于她每日增加的吗啡剂量，并坚持要求她立即前往瑞士普朗然（Prangins）的一家诊所进行戒毒。然而，几个小时后，塞尔特本人打电话给热乌斯基，说让他妻子病入膏肓的不是毒瘾，而是晚期肺结核。尽管婚后几个月罗西的体重一直在下降，身体也越来越虚弱，但这对夫妇在瑞典、美国和巴黎看的所有医生都没有让她做 X 光检查，而是建议进行心理治疗。现在，罗西似乎已经无药可救，只剩下几个小时的生命了。

塞尔特恳求热乌斯基赶到妻子的床边。当他到达诊所时，热乌斯基见到的是心烦意乱的塞尔特和罗西的妹妹尼娜（Nina）、尼娜的丈夫丹尼斯·柯南·道尔［Denys Conan Doyle，阿瑟·柯南·道尔（Arthur Conan Doyle）的儿子］、乐团指挥伊戈尔·马克维奇（Igor Markevitch）以及香奈儿。但这群人并没有欢迎这位神父，反而锁上了罗西房间的门。香奈儿告诉热乌斯基，门是关着的，因为他们担心如果罗西认为神父是来给她举行最后的仪式，那只会加速她的死亡。尽管热乌斯基辩解说他可以安慰到罗西，但他的话并没有起到任何作用。香奈儿仍然坚定地靠在门上，双臂交叉——热乌斯基回忆道，这个姿势堪比莎拉·伯恩哈特（Sarah Bernhardt）。他意识到自己什么也做不了，但在走出诊所的路上，他遇到了一位富有同情心的护士，并恳求护士让他进入罗西的房间。这名护士是一位天主教徒，她了解情况。由于房间外的守卫已经随着神父的离去解散，热乌斯基才得以溜了进去。

虚弱、消瘦，奄奄一息的罗西确信自己快要死了，她问神父去了哪里，并叫神父靠近她。他们一直小声地交谈着，直到当晚八九点钟左右。当塞尔特等人回来后，热乌斯基告诉他们，罗西此时不仅很平静，而且非常开心。这一次，神父决定在诊所过夜，而其他人也没有异议。凌晨两点左右，神父被敲门声惊醒，他立刻冲到罗西的房间，发现一群人静静地站在她的床边。不到三十分钟，罗西去世了。

但闹剧也随之展开，米西娅在罗西去世后从卢尔德前往洛桑。但和热乌斯基一样，她也遭到了拒绝，酒店门童告诉她，她不被允许在罗西的棺材前表达敬意，也不被允许参加计划于第二天举行的葬礼。所有的门都对她关闭了——这是塞尔特的命令，或者米西娅猜测，是香奈儿的命令。这种侮辱让米西娅很受伤，她立刻动身返回了巴黎。[1] 塞尔特则前往马德里，在那里他有了一位新情人——德国驻西班牙大使的妻子。但他很快就逃离了饱受战争蹂躏的西班牙，前往巴黎，找到米西娅。香奈儿再次成为他们亲密圈子的一部分。她与米西娅的关系经受住了所有的考验、侮辱和嫉妒。

西班牙的战火和有关欧洲其他地方的战争的谣言，使得 1939 年年初的巴黎时装发布会笼上了阴影。美国买家渴望乘船回家，并且不确定何时或者是否会回来。希特勒于 3 月入侵捷克斯洛伐克，墨索里尼则入侵了阿尔巴尼亚和希腊。不管有多少报纸称有外交解决的希望，战争的前景都迫在眉睫。时装屋们勇敢地站出来，试图分散人们对冲突的恐惧。1939 年 8 月，香奈儿的时装秀取得了巨大胜

---

[1] 亚历克斯-塞拉斯·热乌斯基（Alex-Ceslas Rzewuski），*La Double Tragedie de Misia Sert*，2006 年，第 47～59 页。

利：外套、套装、礼服——一切都很华丽，天鹅绒、丝绒、花呢、皮草，尤其是厚重的黑色绸缎在几套时装系列中反复出现。就连颜色——艳红色、青铜色、土褐色——也很奢华。其他秀场也以奢华为特征：浪凡、薇欧奈、阿利克斯似乎都想通过纯粹的奢侈来阻挡这场不可避免的战争。

除了为时装发布做准备，1939年的夏天香奈儿为出演萨尔瓦多·达利的芭蕾舞剧《酒神祭》（*Bacchanale*）的蒙特卡洛俄罗斯芭蕾舞团（Ballets Russes de Monte Carlo）设计服装，该剧由莱奥尼德·马赛因（Léonide Massine）编舞。达利称这部剧是"第一支偏执狂的芭蕾舞"，并计划于11月在纽约大都会歌剧院（New York's Metropolitan Opera House）首演。上一年，达利在法式别墅居住了四个月的时间，其间一直忙于创作该剧。当时房子内除了他，还有另一位客人，皮埃尔·勒韦迪。当香奈儿——达利称她为自己最好的朋友——来此小住时，达利感到非常幸福。当香奈儿回到巴黎后，达利与她保持着频繁的通信。达利在信中称呼她为"美丽的小可可"。达利在法式别墅的其他工作包括他的自传《秘密生活》（*Secret Life*）和一幅不祥的画作《希特勒之谜》（*The Enigma of Hitler*）。达利称此画的灵感来自他做的关于战争的梦。

当法国与英国一起对德国宣战后，可怕的谣言变成了事实。到1939年9月2日，法国已经动员了300万男性入伍，巴黎街头和咖啡馆空无一人。汽车、出租车和地铁将士兵从城市的各个角落运送到火车站。有些人背着背包，有些人则戴着从上次战争的参战士兵那里继承过来的锡制头盔。妇女、儿童、老夫妻们和宠物挤上出租车出城，希望找到一个安全的避难所。1919年后解散的美国援助法国受灾委员会（ACDF）迅速再次集结，以协助疏散。那些留在巴黎的人翻出了自行车，把防毒面具背在肩上以备不时之需。独自走上街是违法的。许多商店和三分之一的邮局都因缺乏工人而关闭。

9月5日星期二凌晨四点左右，整个城市响起警报，预示着战争的第一次空袭即将到来。男人、女人和儿童——大多数都穿着睡衣，有些怀里还抱着狗和猫——平静地前往防空洞（每个街区都有几处，每个酒店都有一处）。两个多小时后，没有炸弹落下，于是人们开始慢慢地出现在巴黎清晨的街道上，沿路跟随着送牛奶的卡车，有些人甚至在回家的路上停下来喝杯咖啡。在这座城市日复一日、月复一月地等待进攻的过程中，紧张的氛围愈演愈烈。

一些时装设计师被征召入伍，其他的则离开了这个国家。夏帕瑞丽去了美国，慕尼丽丝去了英国。香奈儿突然决定关闭商铺，并且事先没有通知任何工人。她的工人们认为香奈儿是在报复三年前的罢工，但她否认了这一点，声称她决定停业是因为她很清楚高级时装不会有市场了。自她从上一场战争中蜕变为一位著名设计师，引发她的这次决定的原因似乎更加复杂：疲劳，对竞争对手的成功感到烦躁，以及韦特海默家族的业务重组，这次重组削弱了她在香奈儿香水公司的权威——所有这些都可能导致了她的停业决定。

随着战争的继续，最初几个月被称为"假"战争，因为直到那时法国还没有受到攻击。一些被征召入伍的设计师被允许重返时装行业工作，因为法国政府认为这项产业对国家的未来至关重要。其中最著名的是巴黎高级时装工会（Chambre Syndicale de la Couture Parisienne）主席吕西安·勒隆（Lucien Lelong），他决心让高级定制时装在巴黎保持活力。即使巴黎已经没有外国买家，即使面料和供应受到严格限制，他也确信销售可以继续。他恳求香奈儿重新考虑，但她态度很坚决。像其他许多害怕轰炸以及食物、电力甚至水源出现严重短缺的巴黎人一样，香奈儿在法国宣战后不久就决定离开巴黎前往法国南部。

根据达利的说法，香奈儿出现在靠近波尔多和西班牙边境的安静的海滨小镇阿卡雄（Arcachon），在那里她与达利、加拉（Gala）、马塞尔·杜尚（Marcel Duchamp）和随心所欲的超现实主义画家莱昂诺·菲尼（Léonor Fini）做伴。他们一起出去聚餐打发时间，同时也时刻聚精会神地听着广播里的新闻。"可可就像一只白天鹅，"达利回忆道，"她深思熟虑的眉头微垂，在逐渐开始淹没一切的历史长河中前行，带着法国知识界独有的优雅和风度。"[1] 香奈儿很可能并不真的像达利记忆中那么平静，但与达利本人相比，她可能显得非常冷静。除对战争无法遏制的恐惧外，达利还对他的芭蕾舞剧充满了焦虑，距离该剧在纽约首演的原定计划还有不到两个月的时间。香奈儿不允许她的服装从欧洲运去美国，除非达利亲自护送。但加拉完全拒绝考虑这种可能：她的丈夫不应该在战争期间冒险出海旅行。看起来除临时找替代人选外似乎别无他法，于是达利在纽约的代理人聘请了设计师卡林斯卡夫人（Madame Karinska）。她马不停蹄地工作，在四天内准备好了演出服装。

在最初的震惊和恐惧之后，巴黎逐渐恢复生机：剧院每周提供几场演出，餐馆和夜总会（尽管宵禁很早就开始了）卖力地吸引顾客。巴黎大堂（Les Halles）的市场原本在天亮之前就开始营业，现在只在下午早些时候营业，但食物却显得出奇的丰富。书商沿着塞纳河摆摊，尽管沙袋包围了各座公共建筑，但它们也重新开放了。从巴黎传来的消息将这座城市描述为安静而平和，于是香奈儿决定在两周后离开阿卡雄返家。

当其他时装屋都忙着设计自己的新系列时，香奈儿留在丽兹酒店的公寓里，与留在城里的朋友们保持社交生活：谢尔盖·利法尔、孟德尔女士（Lady Mendl）、埃蒂安·

---

[1] 萨尔瓦多·达利（Salvador Dali），*The Secret Life of Salvador Dali*，哈康·M. 希瓦利埃（Haakon M. Chevalier）译，1942年，第382页。

德·博蒙特、罗斯柴尔德、阿尔芒·德·格拉蒙特（Armand de Gramont），等等。时不时仍然有私人聚会举行，随着时间的推移，餐馆和剧院也吸引回了他们的老顾客。然而，到了冬天，香奈儿因为无所事事而感到沮丧。1940年元旦后不久，霍斯特收到了香奈儿的一封信，这是她写给他的唯一一封信。她在信中称见不到什么人，她很累，并且"对未来的许多事情充满了想法。但此时此刻必须按兵不动，这对我来说是非常难的一件事！"[1]

到了5月初，战争越来越近了。德国横扫了比利时并攻入法国。巴黎迎来了越来越多的比利时难民。一些人开着车抵达，车顶上绑着床垫。另一些人拖着沉重的行李箱从巴黎北站下车，还有一些人则骑着自行车到达此处。尽管法国人声称对自己的军队有信心，但当德国人突破马奇诺防线时，这种信心就破灭了。空袭警报，再加上每晚几乎停电，这让德国人很快就会进入巴黎郊区，不久之后将攻入巴黎市内的谣言愈演愈烈。1940年5月16日，德国进攻的消息引发了恐慌。两天后，法国民众得知总理保罗·雷诺（Paul Reynaud）接管了国防部，驱逐了他的竞争对手爱德华·达拉第（Édouard Daladier）。雷诺拜访了时年84岁的贝当元帅（Marshal Pétain；第一次世界大战时的国家英雄，一位慈父般的、受欢迎的公众人物）和顽固但直言

---

[1] 瓦伦丁·罗福特（Valentine Lawford），*Horst: His Work and his World*，1984年，第192页。

不讳的马克西姆·魏刚将军（General Maxime Weygand）。这两个人都见证了1918年法国的胜利，因此被召集前来制定战略。反击的希望鼓舞了法国人的士气，但这种希望只持续了几天：荷兰投降了，比利时也投降了。6月初，250架德军飞机向巴黎投放传单，宣布第二天将轰炸该市。德国轰炸机遭到了法国防空炮火的攻击，但德军的损失还不足以阻止他们发动攻击。6月14日，纳粹坦克入侵巴黎。那时，空袭警报和最黑暗的谣言再次将巴黎变成一座空城。

根据马德森的说法，香奈儿于6月初离开了巴黎，由一名司机开车前往比利牛斯山脉附近的波城（Pau），在那里她为侄子安德烈·帕拉塞（André Palasse）一家买了一栋房子。据香奈儿所知，作为最早一批应征入伍的人，帕拉塞已经成了德军的俘虏。一开始，香奈儿计划在此长期逗留，并在此期间"静观其变"。但她在几周内就改变了主意：法国彻底落入德国人手中，6月21日法德签署了停战协议，巴黎被宣布为开放城市。香奈儿因此决定返回巴黎，这一次她有了一位活泼的同伴，玛丽·路易丝·布斯克（Marie Louise Bousquet）。此前香奈儿偶尔会在有许多共同朋友在场的情况下见到她。两位女士在维希（Vichy）、穆兰（Moulins）和波旁-拉尔尚博（Bourbon-L'Archambault）都做了停留，每到一处都尽可能地休息并尽可能地补充汽油，最终于8月底到达巴黎。

甫一到巴黎，香奈儿立即前往丽兹酒店。当她发现德国人占了她原先的公寓后,香奈儿要求酒店为她开了另一间房间。直到战争结束,丽兹酒店都是香奈儿自己的司令部。米西娅批评香奈儿与敌人勾结,但许多住在丽兹酒店的巴黎人都在那里恢复了既往的生活,并且仅仅是住在同一家酒店并不能证明她与德军有所勾结。香奈儿的精品店仍然开放,这样可以免得大楼被德国人征用,但香奈儿本人从没有在那里出现过。不过,其他设计师则将这些占领者视为一个热切的市场。正如珍妮特·弗兰纳在《纽约客》上写的,德国人对法国奢侈品如饥似渴:

> 就像被困在围墙内多年而饥肠辘辘的白蚁一样,自6月中旬以来,德国人在巴黎的各种商店里稳步行军,贪婪地吸收着、咀嚼着、消费着店里的内衣、香水、糖果、皮具,以及各种甜蜜而愚蠢的新奇事物——所有林林总总的、时髦的、有魅力的、美味的巴黎商品。[1]

德国军官的妻子们从那些仍然营业的时装屋购买衣服,尽管战时的时装都是由人造丝或醋酸纤维等人造材料制成的,而非丝绸或羊毛。虽然晚装重新出现了荷叶边和长裙,但白天的服装则遵循了德国人对码数的严格限制。裙子很

---

[1] 珍妮特·弗兰纳(Janet Flanner),'Paris, Germany',《纽约客》(*The New Yorker*),1940年12月7日,第52页;同时可参见 *The New Yorker Book of War Pieces*,1947年,第78页。

修身,下摆刚好在膝盖以下。由于皮革有限,鞋底都是木质的,或者由一种树皮和剑麻的混合物制成。皮制手包消失了,取而代之的是油布或织物托特包(大手袋)。这一年的冬天是有记忆以来最寒冷的一次,因为羊毛供应短缺。法国的女性们在男士夹克和裤子中挑拣合适的,将它们重新制作成自己的外套,或者将枕头切开用来填充绗缝夹克。

帽子成为人们梦寐以求的配饰:尽管女帽商的帽子很便宜,许多女性仍开始在家里用她们回收的废品制作自己的帽子。事实上,帽子成了颠覆性的政治宣言。带有蝴蝶结、飘带和丝带的帽子,饰有亮片和刺绣的帽子,摇摇欲坠地高高地戴在头上的帽子:对法国女性来说,这些头上的帽子象征着对德国管控的蔑视和抵抗。"巨大而古怪的帽子在巴黎风靡一时,"海伦娜·拉扎雷夫写道,"它们就像战旗一样屹立不倒。"[1]

随着德国占领的继续,法国设计师们感到来自两个方面的威胁:一是德国当局以审美和道德为由正式反对巴黎风格,并要求所有设计首先送到柏林进行审批;二是来自美国的谣言(那里的报纸和杂志赞美纽约蓬勃发展的时尚业),宣布巴黎作为时尚中心的时代已经结束。1940年的整个夏季和秋季——许多时尚女性远离巴黎,其展现优雅的品味似乎也随之严重滑坡——法国设计师们再次强迫他

---

[1] 海伦娜·高登-拉扎雷夫(Hélène Gordon-Lazareff), 'The Paris Mode—A Mode of Defiance', 《纽约时报》(*New York Times*), 1944年5月7日, 第sm11页。

们的客户好好打扮自己。但法国时尚界的未来——特别是香奈儿的未来——似乎危机重重。1940年11月18日,洛克菲勒中心(Rockefeller Center)的服装艺术博物馆(Museum of Costume Art)举办了一场展览,展出了《纽约时报》上的600幅时装图画,回顾了1932年至1940年间的巴黎风格。《泰晤士报》上的一篇文章指出,博物馆官员波莱尔·魏斯玛(Polaire Weissman)表示:"需要知道的是,时装草图集是随着巴黎把我们从战后时期的长腰紧身胸衣和及膝裙子中解放出来而出现的——那是一个非常丑陋的时期。"[1] 但那个"丑陋的时期"恰恰是香奈儿的全盛时期——历史,似乎并没有善待她的遗产。

---

[1] 凯瑟琳·麦肯齐(Catherine Mackenzie),'Paris Fashions of the Thirties Provide a Footnote to History',《纽约时报》(*New York Times*),1940年11月17日,第61页。

8 隐士

> 除爱情外,我不会听从任何人的命令……
>
> ——香奈儿[1]

在香奈儿的社交圈中,许多人将德国占领军视为客人而不是敌人,并热情欢迎德国军官们到家中做客。和这些朋友一样,香奈儿是一位坚定的保守党拥趸,也是秩序和纪律的支持者。她与伊里巴在一起时出现的反犹太主义观点随时可能爆发出来,因为她将一切事情都归咎于犹太人——从法国的政治麻烦到恶劣的天气;但是这些可能是肤浅和轻率的观点并不妨碍她与海伦娜·拉扎雷夫及皮埃尔·拉扎雷夫夫妇、莫里斯·萨克斯或任何罗斯柴尔德家族成员的友谊。她与汉斯·冈瑟·冯·丁克拉格(Hans Gunther von Dincklage),人称"斯帕茨"(Spatz,麻雀)的恋情似乎更多地反映了她对爱、

---

[1] 保罗·莫朗(Paul Morand),*The Allure of Chanel*(1976 年版),尤安·卡梅隆(Euan Cameron)译,2008 年,第 73 页。

陪伴和保护的渴望，而不是她的政治信仰。

香奈儿可能早在战前就认识了斯帕茨。自1928年以来，斯帕茨就一直在巴黎的德国大使馆工作，并赢得了花花公子的名声。据几位传记作者称，斯帕茨于1935年离婚，当时他刚刚结束了一段外遇，香奈儿找到了他，寻找有关她的侄子安德烈·帕拉塞的信息，后者是一名战俘。斯帕茨自称是一名外交官，但他的角色——无论是在战争前还是在战争期间——都十分神秘：夏尔-鲁宣称斯帕茨是一名间谍，是纳粹反间谍机构的成员。霍斯特认为他是一名双面间谍，既为纳粹工作又为英国人工作。香奈儿只对他作为男人的部分感兴趣：斯帕茨比香奈儿小十二岁，身材高大，金发碧眼，彬彬有礼。他单身，而香奈儿正好也是。

在德军占领期间，香奈儿和斯帕茨的大部分时间都在巴黎度过，偶尔也会去罗克布吕讷。尽管剧院、电影院和餐馆都开放，但这对情人试图谨慎而安静地生活，更喜欢私人晚餐和聚会。香奈儿的小圈子包括米西娅和何塞-玛丽亚·塞尔特，他们的房子也总是对朋友开放。此外还有谷克多和他的情人、演员让·马莱（Jean Marais），后者因为香奈儿慷慨地为他队伍中的士兵送去了令人高兴的礼物而对她称赞不已。与香奈儿交往的其他人都是占领者的公开支持者：毕加索，他向富有的德国人出售自己的画作；莫里斯·萨克斯，一名犹太人，后来成为盖世太保的秘密成员；保罗·莫朗在维希政府工作，担任电影审查委员会（Film Censorship Board）主席，而他的妻子海伦娜（Hélène）是亲德分子，经常招待其他亲德法国人和德国军官及他们的妻子。谢尔盖·利法尔在德占期间被任命为巴黎歌剧院芭蕾舞团（Paris Opera ballet）的管理者，而他对此感到非常自豪。

如果说香奈儿在战时的行为与许多其他巴黎人的行为一致，那么有一件事尤其令人憎恶：当犹太事务委员会（Commission of Jewish Affairs）开始没收犹太企业并将其所有权转让给雅利安人时，香奈儿试图用机会主义将韦特海默家族从香奈儿香水公司的管理层中驱逐出去。当韦特海默兄弟逃往美国后，香奈儿看到了重新夺回生意的机会，准备任命一位忠于她的人担任首席执行官。但韦特海默家族先行一步，任命菲利克斯·阿米特（Félix Amiot）担任留守管理员。阿米特是韦特海默家族的一位表亲，一位非犹太裔的航空机械师。阿米特能够提供一份销售单来确立自己的地位。此外，几年前，韦特海默兄弟就在纽约成立了一家新的香奈儿公司（Chanel, Inc.）。该公司在整个战争期间一直保持香奈儿香水和化妆品的制造和推广。香奈儿试图削弱韦特海默家族的再一次努力又遭到了挫败。

这个尝试让香奈儿有事可做，但计划失败后，她又变得无所事事、坐立不安。"没有什么比工作更让我放松的了，"她告诉保罗·莫朗，"没有什么比什么都不做更让我疲惫的了。"[1] 在德国占领期间，香奈儿几乎没有工作，但她看到时尚界的其他人在努力工作，拼命用配给材料和人造面料支撑起时装秀。那些发现难以维持自己的时装屋的设计师们都转向为电影和戏剧设计服装；香奈儿的许多女裁缝在突然失业后都设法找到了剧服设计的工作。与时尚界隔绝的香奈儿在她的朋友们看来似乎很无聊。也许正是因为无聊才让香奈儿有了自己能够结束战争的想法。

1943 年夏天，当德军开始在俄罗斯和非洲受挫时，香奈儿制订了一个计划：她将担任特使去见温斯顿·丘吉尔。她说服了德国少校瓦尔特·施伦堡（Walter Schellenberg），她相信，因为两人的旧谊，丘吉尔会听她的，她可以说服丘吉尔与德国进行和平谈判。这个荒唐的提议后被称为"模特小屋行动"（Operation Modellhut），其内容包括香奈儿前往马德里，在那里她会见到从中东到此的丘吉尔。香奈儿拒绝独自旅行，她恳求施伦堡去寻找维拉·贝特，她的意大利丈夫阿尔贝托·隆巴迪正躲藏在罗马。贝特在她罗马的公寓里收到了一条来自一名德国官员的消息，告知她香奈儿需要她去巴黎，因为她即将在那里重新开业。贝特大吃一惊，但是拒绝了邀请。由于她的丈夫正准备加入意大利的盟军，此时此刻，她不打算和德国人一起离开这

---

[1] 保罗·莫朗（Paul Morand），*The Allure of Chanel*（1976 年版），尤安·卡梅隆（Euan Cameron）译，2008 年，第 73 页。

个国家。但几周后，贝特在罗马被盖世太保逮捕，罪名是为英国从事间谍活动。短短几周之内，施伦堡就释放了贝特，并且再次告知她香奈儿需要她去巴黎。这一次，贝特答应了。

虽然尚不清楚贝特是否真的相信香奈儿正在计划重新开业或者已经知晓后者的外交计划，但她认为，一旦到达马德里，她就可以向英国大使馆寻求帮助，安排她安全地前往英国与那里的家人团聚。香奈儿则很高兴有一个旅伴，11月，她和贝特入住了马德里的丽兹酒店，并分别前往英国大使馆寻求接见。在那里具体发生了什么，如同这次冒险的大部分内容一样，依旧模糊不清。香奈儿表示她计划在丘吉尔抵达马德里后立即与他交谈。而贝特则显然向接见她的官员坚称，香奈儿是一名德国特工，以在此开设时装屋为借口，欺骗她一同前来马德里。贝特可能已经意识到香奈儿与斯帕茨的关系；也可能她想远离任何与德国人谈判的计划。无论出于何种原因，贝特决定背叛这位曾经是亲密且值得信赖的朋友。

丘吉尔从未抵达马德里：他在开罗生病了，被带到位于突尼斯的艾森豪威尔的美军司令部等待康复。香奈儿别无选择，只能返回巴黎；然而，贝特拒绝离开，她仍然希望能够找到机会前往英格兰。当香奈儿在巴黎得知贝特的背叛时，她承认自己很受伤，也很怀疑：在她自己看来，她没有做错任何事。"我不能在意大利议题上变得偏激，或者德国议题上也一样,道听途说那些我认为是笨蛋才会说的低级言论。蔑视你的敌人就是贬低你自己",她在12月给贝特的信中如此写道。香奈儿说,她也不是在任何人的命令下离开西班牙的:"我一生中已经给予了很多,但还什么都没拿走。但我的签证已经到期了。S.(显然是施伦堡)担心我可能会遇到问题。"[1]

香奈儿的下一步行动是在1944年年初与施伦堡在柏林见面。她为什么去,他们的谈话内容是什么——所有这些都已消失在历史中。两人会面后不久,盟军便在诺曼底登陆。到了夏天,德国人仓皇逃离了巴黎。斯帕茨前往瑞士;香奈儿仍然相信自己不会受到任何谴责,因此留在了丽兹酒店。如果她认为她与斯帕茨的风流韵事和她失败的"模特小屋行动"不会产生任何后果,那么她很快就会发现事实并非如此。1944年9月的一个早晨,香奈儿被公共道德委员会(Committee of Public Morals)签发命令逮捕。她被审问了三个小时,其间她被问及与斯帕茨的关系,她承认自己认识斯帕茨已有二十年了。她说斯帕茨告诉她自己要去德国。香奈儿承认他们是恋人了吗?她有谈起她的和平计划吗?尽管事后她对审讯的事只字不提,但她始终坚称,自己关闭时装屋的行为比那些在占领期间继续工作的设计师们更爱国。也许她向她的审问者也做了如此陈诉。

---

[1] 引自阿克塞尔·马德森(Axel Madsen),*Chanel: A Woman of her Own*,1990年,第257页。

香奈儿被迅速释放了，传记作者推测这可能是因为她掌握的信息可能会让温斯顿·丘吉尔感到尴尬，后者原定那时在巴黎参加纪念停战的仪式。马德森推测丘吉尔与德国人一同安排保护了温莎公爵在巴黎拥有的一套公寓。事实上，在香奈儿的证词中，温莎家族本身可能已经被揭露为德国的合作者。夏尔-鲁表示，一位高级官员奉命保护香奈儿。香奈儿决定相信她的被捕是由于她在战争期间关闭了自己的生意，从而冒犯了时装工会（Syndicat de la Couture）。

当其他与德国人交往的女性被赤身裸体游街示众，有些甚至面临监禁时，香奈儿却获得了自由。她几乎立即前往瑞士。接下来的八年里，除偶尔去法国出差和几次去美国旅行外，香奈儿大部分时间都住在洛桑，有时斯帕茨也会来与她做伴。香奈儿能够轻松获得出国旅行签证似乎进一步证明有大人物在保护她。在洛桑，香奈儿住在莱蒙湖（Lac Leman）畔的美岸酒店（Beau Rivage Hotel），经常有来自南美和中欧的老年流放者光顾此地。一位游客记得，在酒店接待室里，罗马尼亚、希腊和阿根廷的妇女在烟雾缭绕中打牌；顾客们满足于在警觉的工作人员的注视下在此与世隔绝地生活，他们苍白、布满皱纹的手中颤颤巍巍地攥着他们的《金融时报》（*Financial Times*）或《华尔街日报》（*Wall Street Journal*）。在这个垂垂老矣的群体中，香奈儿以自己的健康和活力格外显眼。[1] 即使后来她在洛桑买了一套小房子，她也经常回到酒店住一段时间。

尽管香奈儿声称喜欢瑞士人是因为他们工作努力并且远离战争，但她的瑞士医生也确实为她提供了她所依赖的各种麻醉品（安眠药和止痛药）；此外，她在瑞士拥有大量银行账户。让·谷克多在日记中写道：

> 见到了香奈儿，她向我讲起了她在瑞士的居住情况：她不再在法国纳税，只缴纳瑞士罚金。但对我们这些没有她那么富有的人来说，这种优势会被瑞士的生活成本所抵消。钱消失得和纳税时一样快。[2]

由于韦特海默家族从他们蓬勃发展的香水业务中为她存入特许权使用费，香奈儿的资产在战争期间甚至增加了。韦特海默家族在美国新泽西州购买了一家工厂继续用以生产和推广香奈儿5号，以及其他香水：香奈儿22号，以其创建年份命名；栀子花（Gardénia），1925年推出；岛屿森林（Bois des Îles），1926年推出；以及全系最具阳刚气息的俄罗斯皮革（Cuir de Russie）香水，于1928年推出。其他香水——香奈儿米色（Le Beige de Chanel）、香奈儿蓝色

---

[1] 米歇尔·代翁（Michel Déon），'Bagages Pour Vancouver'，*Pages Françaises*，1999年，第267~268页。
[2] 让·谷克多（Jean Cocteau），*Past Tense：Diaries*，vol. i，理查德·霍华德（Richard Howard）译，1987年，第257页。

(Le Bleu de Chanel）和香奈儿红色（Le Rouge de Chanel)、香奈儿象牙色（Ivoire de Chanel）和诱惑（Glamour）——在20世纪30年代和40年代初曾短暂推广过，但在二战前就消失了。迄今为止，香奈儿5号是最受女性欢迎的香水，她们会为自己购买这款香水，也特别受到选购礼物的男性的欢迎。在一众有时难以发音的香水名字中，香奈儿5号仍旧脱颖而出。这种以醛香为主的香味在20世纪40年代似乎比二十年前更加流行。[1]

然而，香奈儿并没有因为这张10000英镑的版税支票而得到安抚，她怀疑这个金额太低了，也没有因为她一直梦寐以求的香水改版配方被接受的消息而息怒。她找到了另一个攻击韦特海默兄弟的机会，并决定制造自己的香水，给它们起稍微不同的名字，借此与兄弟俩竞争。此外，她还起诉韦特海默兄弟生产劣质产品，并要求将所有权归还给她。雷内·德·尚布伦的岳父皮埃尔·拉瓦尔（Pierre Laval）作为通敌者被处决。战争期间他一直待在美国，战后返回巴黎后希望保持低调的生活。尽管如此，尚布伦还是同意在这场与沮丧的皮埃尔·韦特海默的谈判中代表他著名的客户的利益。如果香奈儿无法在她的生意上获得控制权，她就转而要钱。最终，她拿到了香奈儿香水公司全球香水和化妆品销量2%的份额，这保证了她每年获利

---

[1] 托马斯·F. 布雷迪（Thomas F. Brady），'Daring! Mad Love! Frantic!'，《纽约时报》（New York Times），1954年7月11日，第sm12页。

37000英镑甚至更多。凭借在全球销售额中所占的份额，该公司将战争时期10000英镑的特许权使用费增加到200000英镑——如今这一特许权使用费涨到了数百万英镑。

偶尔，香奈儿和斯帕茨会去巴黎看歌剧或拜访数量逐渐稀少的朋友。她的世界变得越来越小：香奈儿怀疑有人因为她与斯帕茨的关系而排斥她。此外，她的几个同时代人也去世了。马克斯·雅各布在战争中去世。德米特里大公在法国被占领后不久就去世了，两人的友情在他们的恋情结束后仍维持了很长时间。何塞-玛丽亚·塞尔特于1947年去世。保罗·莫朗自我流放到瑞士，这是他与盖世太保投机合作的恶果。米西娅几乎失明，而且非常虚弱。随着朋友们的离去，香奈儿的名望也下降了。"像我们这样的人不需要建议；我们需要认可，"香奈儿告诉达利，"名人就是孤独的，不是吗？"[1] 渴望得到认可和承认，香奈儿想方设法提醒世界她仍然存在。她想，一本书可能会做到这一点。而对于这个计划，她需要一位作家。

她的第一次尝试是与路易丝·德·维尔莫兰合作，她是一位贵族，也是一位刻薄的女性文学家，她于1947年与香奈儿结识。香奈儿的想法是制作一本回忆录，并以此作

---

[1] 萨尔瓦多·达利（Salvador Dali），*The Unspeakable Confessions of Salvador Dalí, as Told to André Parinaud*，哈罗德·萨勒姆森（Harold J. Salemson）译，1976年，第211页。

为基础，制作一部根据她的生平改编的电影。维尔莫兰立即指出，会反复出现的主题是香奈儿对金钱的痴迷并且将之视为获得自由的基本手段，女性的自由意志和不依赖男性的独立，以及女性通过假装被操纵从而操纵别人的狡猾天赋。[1] 香奈儿创作了一个童年故事来反映自己的形象：香奈儿说她的父亲想要一个比奥佛涅更大的世界。香奈儿理想化了她的父母，将他们描述为对干净、新鲜和奢华的事物有着与生俱来的良好品味的人。[2] 维尔莫兰发现，不可能让香奈儿修改她的这个版本的人生故事，于是很快就对这个项目失去了兴趣。香奈儿去世后，维尔莫兰出版了《可可回忆录》（*Mémoires de Coco*），将她的潜在形象描绘成自私自利和自恋的人。

20世纪50年代初，香奈儿同意与谷克多的朋友安德烈·弗雷尼奥（André Fraigneau）合作。[3] 未能成功后，她又找到了米歇尔·代翁（Michel Déon）。这两个计划都失败了，因为香奈儿坚持重复她创作的这些虚构故事。这些故事听起来像是某种宣传的一部分。尽管无法合作，香奈儿和代翁还是成了朋友，她经常邀请代翁和她一起共进晚餐。有一天，代翁正沿着莱蒙湖散步，遇到了亨利·蒙度（Henri Mondor），一位著名的外科医生和法国文学史学家。蒙度的

---

1 路易丝·德·维尔莫兰（Louise de Vilmorin），*Mémoires de Coco*，1999年，第12页。
2 同上，第21页。
3 阿克塞尔·马德森（Axel Madsen），*Chanel*，第274页。

著作包括对马拉美（Mallarmé）和瓦莱里（Valéry）的研究。听说这次邂逅后，香奈儿请代翁邀请蒙度共进午餐。香奈儿在战前曾短暂与其见过面。代翁没有预料到的是，当香奈儿想起蒙度也来自奥佛涅时，立即对他产生了巨大的反感。当蒙度开始回忆起奥佛涅地区时，香奈儿立刻试图改变话题，然后她开始残酷地攻击蒙度所赞赏的诗人。蒙度感到非常尴尬，明显地局促不安。代翁认为，香奈儿的残忍源于她担心蒙度对奥佛涅的回忆会与她关于自己青春时期的神话叙事相矛盾。

1950年秋天，住在洛桑的香奈儿得知米西娅的健康状况迅速恶化的消息。她急忙赶往巴黎，勉强赶上了见她这位最亲密的朋友的最后一面。香奈儿以一种罕见的温柔姿态，请求单独留下陪伴米西娅的遗体，给她穿上白色的衣服，戴上珠宝，梳理头发，帮她化了妆：香奈儿为哀悼者们准备了一位优雅的米西娅。尽管有争论、误解和竞争，香奈儿仍然爱着米西娅，而她的死意味着香奈儿失去了最深刻理解她的人。接下来的几年里，其他人也相继死亡：斯帕茨、埃提安·巴桑和威斯敏斯特公爵。

香奈儿与谷克多的友谊是持久的，也许是因为他不会因为她的狡猾而感到受冒犯。1951年在罗克布吕讷与香奈儿共进午餐后，谷克多在日记中这样描述她："她倔强地抗议着，反对一切。她宛若小黑天鹅的头颈。一位有着吉普赛祖父母的奥佛涅人。她的吉普赛风格……正是奥佛涅吉普赛人的样子。"[1] 尽管香奈儿因为谷克多比她心爱的勒韦迪获得了更多的名气而公开地诋毁他,但她仍继续与谷克多共进晚餐,请他吃饭并帮助他——有时甚至慷慨得令人震惊。香奈儿说:"我从不借钱,我只给钱,对我来说花费都是一样的。"[2] 即使面对老朋友提出的请求,香奈儿也常常顽固地拒绝。当谢尔盖·利法尔需要钱从派瑞德(Parade)购买毕加索设计的窗帘时,香奈儿既不肯给也不肯借。[3] 但她很少拒绝谷克多。当谷克多的情人、拳击手巴拿马·阿尔·布朗(Panama Al Brown)需要戒毒治疗以便他能够重返拳击场时,香奈儿付了钱。布朗出来后,再次向香奈儿求助。她给布朗找了一位教练,并承诺只要布朗认真训练就会持续资助他。"你是一个倒下的冠军,"香奈儿告诉布朗,"没有人想再次看到你上场,再次获胜。而你要让所有人臣服在你脚下。"这个忠告可能是香奈儿对着正在努力恢复名望的自己说的。当布朗回到赛场时,香奈儿前来观看了一场比赛。第三回合时,布朗对香奈儿眨了下眼,旋即击倒了对手。

20世纪50年代,当香奈儿年近70岁的时候,朋友们见到她时说她看起来与他们在战前认识的那个女人截然不

---

[1] 让·谷克多(Jean Cocteau),*Past Tense*,第51页。
[2] 引自约瑟夫·巴里(Joseph Barry),'Collections by Chanel',《麦考尔》(*McCall's*),1968年6月,第54页。
[3] 皮埃尔·加兰特(Pierre Galante),*Mademoiselle Chanel*,艾琳·吉斯特(Eileen Geist)、杰西·伍德(Jessie Wood)译,1973年,第89页。

同。1951年12月，霍斯特在纽约拜访了香奈儿。当时香奈儿与玛吉·范·祖伊伦（Maggie van Zuylen）一起前往纽约旅行，两人一起住在华尔道夫酒店（Waldorf Astoria）。"我想香奈儿在她人生的那个时期有些迷茫，"霍斯特回忆道，"她看起来很无聊。她的头发不一样了，她开始拔自己的眉毛。她看起来一点也不像我认识的那个香奈儿。"香奈儿在霍斯特位于牡蛎湾（Oyster Bay）的家里待了一天。霍斯特在曼哈顿的工作室里给香奈儿拍了照，但结果令他们两人都感到失望。尽管他们同意改天再拍一次，但那一天始终没有到来。香奈儿拒绝再次拍摄，她更喜欢1937年那张迷人的肖像。[1]

第二年，霍斯特在罗马再次见到香奈儿，这时她看上去更加放松一些。每次出门香奈儿都会被认出来，这正是她梦寐以求的大众关注。一天晚上，在晚餐时，香奈儿穿了一件紧身的黑色鸡尾酒礼服，外面披着一件长毛皮大衣，头发上系着一条黑色丝带。她看上去和年轻时一样，这件优雅简洁的礼服在其他衣着更加华丽、色彩更鲜艳的女宾中脱颖而出。霍斯特回忆道，"当她走进餐厅时，大家都转过头来"，宾客们都张大嘴盯着香奈儿佩戴的黄金和人造宝石，忘记了交谈。

霍斯特每次去巴黎都会去看望香奈儿，香奈儿也似乎

---

[1] 瓦伦丁·罗福特（Valentine Lawford），*Horst：His Work and his World*，1984年，第323页。

很高兴见到他。他们通常会吃一顿简单的午餐,喝一瓶冰镇白葡萄酒,桌上铺着麻质餐巾。香奈儿通常会发表一段独白,极其狡猾且批判。霍斯特觉得香奈儿似乎已经被孤独所吞噬。每当他们在丽兹酒店共进晚餐时,香奈儿都会重复同样的长达两个小时的关于她自己战时经历的演讲(这其中没有提到斯帕茨)。这些见面让霍斯特感到悲伤,但同时也很恼怒,他站起身来,把手放在门把上,内心渴望着逃离。

如果香奈儿有重返商业的想法,她一定已经意识到了在战后这是多么具有挑战性的一件事:制作服装的原材料——甚至是图钉和针——都供不应求。羊毛稀缺,皮草则根本不存在,一件裙子只能使用不超过 2 米～3 米(6 1/2 英尺～10 英尺)的布料。很难找到工人,人体模特们也因营养不良而瘦得厉害。此外,法郎的价值正在下跌,这使得服装变得异常昂贵。

夏帕瑞丽此时已经从美国返回。为了应对这些严苛的限制,她精简了自己的服装款式,设计了落肩和高胸的线条。"简而言之,"夏帕瑞丽说,"我们把收束的线条扭转过来了。"她也按照中式风格设计了一些时装,她称它们"是有着斜边的平底裙,很方便收纳也很方便携带,重量轻又能很合身"[1]。然而,几年之后,随着布料的供应变得更加

---

[1] 艾尔莎·夏帕瑞丽(Elsa Schiaparelli),*Shocking Life*,1954 年,第 192～194 页。

充足，巴黎迎来了复兴。设计师们发现女性又开始青睐奢华的服饰，买家们终于回到了时装展示间中。然而时装业快速复苏的一个主要障碍是1947年由时装工会实施的一项限制抄袭的新法律。战前，买家可以随意观看任何时装秀，购买任何想要的商品，并可以自由复制样版。他们的广告也推动了设计师本人的出名，给了他们大众认知度。但随着新法律的出台，这种自由受到了限制。由于每场时装秀都需要入场费，因此买家们减少了出席的场次。由于摄影师被禁止参加时装秀，设计师们发现他们的观众数量大大缩水。随着货币贬值，服装成本上涨得惊人。夏帕瑞丽回忆道，"1945年一条裙子值25法郎，这让我非常吃惊。但很快这条裙子的价格就变成了10万法郎、20万法郎或者30万法郎"——也就是185英镑到560英镑。由于美国开始征收进口关税，时装的价格变得更加令人望而却步。[1]

法国设计师们注意到，在纽约，各种可以轻易获得的面料加剧了时装的奢华之风：夹克加上了褶边装饰；袖子膨胀成了羊腿状，自从19世纪90年代之后就未曾见过了；以及从纤细的腰部垂下长长的裙摆。设计师们还注意到，时尚不仅仅在款式上发生了变化：战争为女装注入了新的民主元素。修身套装和轻薄帽子组成的外出服饰适合所有女性，无论来自何种阶级。即使是买得起高级定制时装的女

---

[1] 艾尔莎·夏帕瑞丽（Elsa Schiaparelli），*Shocking Life*，1954年，第204~205页。

性也越来越多地购买成衣。电影作为大众娱乐而日益流行，极大地影响了女性的着装打扮，而此前她们是从社交名流那里汲取时尚灵感的。现在，她们想要一个塞满了克劳黛·考尔白（Claudette Colbert）、海蒂·拉玛（Hedy Lamarr）、葛丽亚·嘉逊（Greer Garson）和贝蒂·戴维斯（Bette Davis）等明星同款服饰的衣柜；好莱坞的电影服装设计师们现在成了新的时尚引领者。

1947年2月，克里斯汀·迪奥（Christian Dior）在巴黎推出了他的第一个时装系列。香奈儿发现，巴黎作为优雅之都的时代还远未结束。尽管这位42岁的设计师向香奈儿、慕尼丽丝和吕西安·勒隆致敬，但他称之为"花冠"（Corolle，花瓣）的这个系列看起来就像1926年香奈儿带来的小黑裙一样新鲜。连衣裙的特点是收紧腰部加上宽松的裙摆，裙摆降低至地面以上30厘米（12英寸）。布料市场再次充足起来，迪奥对布料的使用也得心应手，毫不吝啬。卡梅尔·史诺对此非常着迷，他将之称为"新风貌"（New Look）。这不仅仅是个代号，更是一种祝福。百货公司购买了几十款这个系列的衣服，甚至有时候每一款都要了40件，还一道买进了迪奥的各种配饰：手套、手包、珠宝和帽子。因为"新风貌"这个词，迪奥想到他需要一位新的女性代言人，她要有丰满的胸部、巴掌宽的腰部和圆润的臀部；一位渴望炫耀女性气质新定义的女性；最重要的是，她要是一个渴望忘记战争的严酷和艰辛的女人。

9 珍珠绳

衰老是亚当的魅力,也是夏娃的悲剧。

——香奈儿[1]

愤怒和无聊,这就是香奈儿重返时装界的原因。两者可能都是真的。她的愤怒虽然集中在迪奥的"新风貌"上,但 40 岁的皮埃尔·巴尔曼(Pierre Balmain)可能也同样让她怒火中烧——巴尔曼的时装店于 1945 年开业。或者是因为 32 岁的皮尔·卡丹(Pierre Cardin),或者是因为 27 岁的于贝尔·德·纪梵希(Hubert de Givenchy),两人都在 1953 年推出了自己的个人品牌。甚至还可能是因为 60 岁的克里斯托瓦尔·巴伦西亚加(Cristóbal Balenciaga,巴黎世家)。香奈儿很欣赏巴伦西亚加,他的时装屋在整个战争期间一直营业。与迪奥一样,巴伦西亚加战后设计的系列时装精致时髦又优雅,为他赢

---

[1] 保罗·莫朗(Paul Morand),*The Allure of Chanel*(1976 年版),尤安·卡梅隆(Euan Cameron)译,2008 年,第 74 页。

得了很多赞誉。香奈儿反复说，她也因为女性正在被一些厌恶女性的男人打扮而非常生气；换句话说，是迪奥这样的同性恋设计师。

香奈儿的观点显然属于少数派，但贝蒂娜·巴拉德观察到：

> 她过着一种被小心翼翼保护起来的时尚生活……周围都是一群和她想法一致的朋友，穿着打扮也和她一样，并且和她一样排斥任何其他时尚理念。[1]

但不管怎样，迪奥已经成了媒体的宠儿。从迪奥1947年开业到香奈儿1954年重新营业的这几年里，迪奥的风格迅速进化，声誉飙升。他的顾客热切地等待着不断变化不断更新的服饰。迪奥说："一个时装系列要在两个月内被创作出来，时尚终会消亡，而且必须加快速度。"与香奈儿每个季度都很稳定的风格有标志性不同，迪奥的每个时装系列都具有新的主题：垂直（Vertical）、错视（Trompe L'Oeil）、中世纪（Mid-Century）、蜿蜒（Sinuous）、倾斜（Oblique）、椭圆形（Oval）、公主风（Princesse）、郁金香（Tulip）、穹顶（Cupola）……霍斯特和欧文·佩恩（Irving Penn）为《时尚》拍摄的迪奥服装看起来都有着豪华的时

---

[1] 贝蒂娜·巴拉德（Bettina Ballard），*In My Fashion*，1960年，第58页。

髦感。《时尚》写道，迪奥提供了"设计精美、令人向往的服装，让女性既有趣又很戏剧化"[1]。香奈儿担心，随着迪奥获得的掌声越来越多，她将被曾经崇拜自己的公众所遗忘。

1949年，一项盖洛普民意调查（Gallup Poll）将迪奥评为世界第五大知名人士；时尚评论家们宣布迪奥开启了一场革命。尽管迪奥本人很谦虚，但他承认"新风貌"反映了一种新的情绪，"在回归传统的过程中寻求规避掉机械化和不够人性化的途径……1925年女人的帽子一直压到眉毛，她看上去就像一台机器，专门给那个时期的音乐和装饰输送灵感。现在我们都害怕这种女机器人。"迪奥补充道，他的风格是为了"捍卫我们自身个性中的每一寸奢华"[2]。但香奈儿将他视为一个不合时代的人，迫使女性扮演她和其他设计师已经放弃的那种角色：将女性作为装饰物，让她们穿着极不舒服的衣服。这些衣服非常僵硬，甚至可以自己立起来。香奈儿承认，当然，女性希望自己看起来有吸引力，但"设计师们忘记了裙子里面还有一位活生生的女性"，她们想要"自由走动，想要坐进汽车时不会把裙子的接缝处撑破"！[3]

---

1 引自布里吉特·基南（Brigid Keenan），*Dior in Vogue*，1981年，第56页。
2 克里斯汀·迪奥（Christian Dior），*Talking about Fashion to Elie Rabourdin and Alice Chavanne*，尤金妮亚·谢珀德（Eugenia Sheppard）译，1954年，第110～111页。
3 道格拉斯·科克兰（Douglas Kirkland），*Coco Chanel：Three Weeks*，2008年，第11页。

除渴望重新夺回自己在时尚界的地位外,香奈儿的回归还有着深刻的情感原因。对香奈儿来说,工作是一种比任何药物都更强大的止痛药。"我不知道我想忘记什么,"她告诉达利,"也许是我还活着。我一刻不停地前进,假装正在努力追赶上时代。"[1] 香奈儿确实感到被孤立和忽视。她还担心,如果不工作,就会失去她所珍视的苗条身材。"如果想让一个女人保持身材,就让她就业,让她工作,"香奈儿很多年前就是这样告诉作家朱娜·巴恩斯(Djuna Barnes)的,"她会更快乐,不那么不自在,这种状态会反映在身材上。"[2] 没有工作,让香奈儿感到很迷茫。"如果不让我工作,那你想让我做什么?"她在一次采访中问记者雅克·查佐(Jacques Chazot),"像四分之三的女性一样整天打牌?我可没疯!"[3]

除愤怒、无聊和嫉妒外,香奈儿重新开办时装屋可能还有着经济动机:在她复出前的种种消息中,有一则是说皮埃尔·韦特海默于1953年拜访了香奈儿并告知她香奈儿5号香水的销量正在下滑。他鼓励香奈儿重新开始设计——事实上还为她提供了资金支持——以便重新唤起人们对该品牌的关注。皮埃尔·加兰特则讲述了这个故事的

---

[1] 萨尔瓦多·达利(Salvador Dalí),*The Unspeakable Confessions of Salvador Dalí, as Told to André Parinaud*,哈罗德·萨勒姆森(Harold J. Salemson)译,1976年,第211页。
[2] 朱娜·巴恩斯(Djuna Barnes),'*Coco Talks*', *Self*,1992年,第168页。
[3] 雅克·查佐特(Jacques Chazot),Interview with Coco Chanel for the French tv programme *Dim Dam Dom*,1968年。

另一个版本：香奈儿主动寻求资金支持，但当韦特海默表示无意于此时，她威胁要为一家美国批发商进行设计来强迫韦特海默支持她——而这正是迪奥1948年在纽约开设成衣店时所做的。即使香奈儿在1953年出售了法式别墅（La Pausa），她也没有足够的资金东山再起；不过，有了一位美国的赞助人，香奈儿就可以完全绕开韦特海默家族。据加兰特说，不出所料，韦特海默认真对待了香奈儿的威胁并同意为她提供资助。[1] 阿克塞尔·马德森声称，这笔交易让韦特海默获得了香奈儿时装公司（Chanel Couture）100%的股份，包括所有不动产资产和纺织品生产——作为支持香奈儿回归的交换条件，韦特海默买下了她手中全部的股份。

在复出之前的几年里，香奈儿把关注的重点放在了迪奥身上，她将之视为20年代的帕图和30年代的夏帕瑞丽般的对手。尽管迪奥出身优渥，是一位富商的儿子，在开设自己的艺术画廊之前就读于巴黎一所时尚预科学校，并通过为吕西安·勒隆和罗拔·贝格（Robert Piguet）工作从而学习设计。但他也像香奈儿一样，是在一位富人的帮助下才开始了自己的事业，即棉花大亨马塞尔·布萨克（Marcel Boussac）。与香奈儿一样，迪奥的成功来得很快，并且他通过多元化发展而提高了自己的声望。他首先涉足

---

[1] 皮埃尔·加兰特（Pierre Galante），*Mademoiselle Chanel*，艾琳·吉斯特（Eileen Geist）、杰西·伍德（Jessie Wood）译，1973年，第202～207页。

的是香水领域［于1949年成立了克里斯汀·迪奥香水公司（Christian Dior Perfumes）］，随后很快又进军成衣领域（总共成立了8家公司，其中包括生产袜子和鞋子的公司）。到1954年秋，迪奥的商业集团年收入已达1050万英镑。从1946年的3个工作室和85名员工开始，如今迪奥扩展到了5座大楼、25个工作室和1200名员工，其中一些人甚至是在他位于委内瑞拉的制造工厂工作。迪奥还和香奈儿一样迷信——他咨询了算命师并相信"8"是他的幸运数字——"迪奥爸爸"（Papa Dior，他的员工这样亲切地称呼他）被证明是在正确的时间出现的正确的人。香奈儿希望这个时机对她而言也是正确的。

香奈儿能否成功东山再起？"上周，所有关心时尚的巴黎人都在问这个问题，他们再次齐聚康朋街，参加71岁的可可·香奈儿时隔十五年的首场时装秀。"《时代周刊》报道说，"这绝不是一场小打小闹，时尚界的大佬们就像高峰时段的地铁乘客一样挤在模特中间。"贝蒂娜·巴拉德说，尽管香奈儿在完成130名模特的时装后感到不适，但她绝不停下。[1] 她决心在2月5日开幕自己的时装秀，这是她的幸运数字。

时装秀当天，香奈儿像往常一样坐在楼梯顶部，她坚信媒体对她怀有敌意。香奈儿紧张地看着她的模特在拥挤

---

1 贝蒂娜·巴拉德（Bettina Ballard），*In My Fashion*，第57页。

的沙龙里游行，每个模特手里都拿着服装的编号——除了第13号。与其他设计师不同，香奈儿并没有给她的款式起华丽的名字，她认为那种做法很自命不凡。她的观众在任何场合都不需要知道衣服的名字；它们不需要任何名字。他们看到的只会是香奈儿的标志性款式：开衫毛衣套装、平顶帽、蕾丝鸡尾酒裙。这些衣服在20世纪20年代和30年代显得如此迷人。她的模特们和过去一样苗条，骨架很小，其中最迷人的是19岁的玛丽-埃莱娜·阿诺德（Marie-Hélène Arnaud）——她是香奈儿的最爱。有些人开始认为，很显然阿诺德将是这家时装屋的继承人。

尽管事后有几位朋友赶来祝贺，香奈儿还是对这场时装秀感到失望，并在当晚剩下的时间里将自己与世隔绝。第二天，她的感受得到了证实：至少在巴黎，人们的共识是——失望。这些设计显得很过时，甚至某些模特也是如此。迪奥的模特们摇曳生姿；相比之下，香奈儿的模特显得过于端庄。"时装秀很感人；人们可能会觉得自己回到了1925年"，《费加罗报》（Le Figaro）评论道。[1] 时尚观察家们期待的是一场革命；毕竟，那正是香奈儿在20年代时的名声。但香奈儿已不再是当年那个聪明的年轻人了。而且，正如她承认的那样，她是为自己进行设计的。不过，香奈儿坚信她的同代人会团结在她周围。"女性们会理解我的。"

---

[1] 'Feeneesh?'，《时代周刊》（Time），1954年2月15日。

香奈儿这样说道,语气里更多的是希望而非确信。[1]

尽管大多数法国媒体讨厌这场时装秀,美国人却拯救了香奈儿。贝蒂娜·巴拉德为《时尚》报道巴黎时装秀的开幕,用一张阿诺德穿着海军蓝平纹针织套装的宣传照称赞了该系列。这件衣服很像巴拉德本人在战前最喜欢的香奈儿套装。罗德与泰勒百货公司和阿尔蒂玛公司(B. Altman)购买了一些套装;哈蒂·卡内基也买了一些。卡梅尔·史诺热情洋溢地赞扬了香奈儿的回归,并委托谷克多写一篇文章在《时尚芭莎》三月号上刊登,并附上摄影师路易丝-达尔-沃尔夫(Louise Dahl-Wolfe)为香奈儿拍摄的肖像照。

在香奈儿1954年2月的第一场时装秀到1954年10月5日的第二场时装秀之间,时尚评论家逐渐接受了史诺的观点:香奈儿一如既往地精明,能够凭直觉洞察新一代女性的需求。3月,在华尔道夫酒店举行的一场国际时装秀揭示了香奈儿的影响力已经渗透到其他设计师的作品中。随性装扮占主导地位,巴拉德报道说,这一点在迪奥的夹克外套、纪梵希的衬衫式连衣裙和巴黎世家的宽松腰围中可见一斑。夏天,迪奥再次做了创新,但这一次却意外地招致了媒体的批评。"时尚界因迪奥而分裂",《纽约时报》

---

[1] 克劳德·德莱(Claude Delay),*Chanel Solitaire*,芭芭拉·布雷(Barbara Bray)译,1974年,第61页。

宣布道。这位似乎热衷于女性曲线的设计师突然喜欢上了一种新的"扁平外观",这需要搭配压缩胸部的内衣,就像是 20 年代的女性穿的那种。事实上,从职业生涯伊始起,迪奥设计的任何时装都离不开某种合适的塑身内衣,但他的最新导向震惊了他的许多粉丝。迪奥曾经说过,"我的梦想就是将女性从自然状态中拯救出来"[1],这一点恰恰是香奈儿所反对的。

如今香奈儿最具辨识度的款式(不包括著名的小黑裙)均是她在 20 世纪 50 年代回归之后的作品:香奈儿与马萨罗之家(House of Massaro,伊丽莎白·泰勒和温莎公爵夫人的制鞋店)独家合作设计的双色露跟鞋;拥有香奈儿标志性的黑色外表、红色衬里以及一种她所说的让人想起退潮时多维尔(Deauville)潮湿的沙滩的米色色调的绗缝包[2];还有修身套裙搭配四四方方的、长至臀部的无领外套。这三件设计成了香奈儿的代名词,并受到人们的狂热追捧,而这正如香奈儿所料。珍妮·莫罗(Jeanne Moreau)、德菲因·赛里格(Delphine Seyrig)、伊丽莎白·泰勒(Elizabeth Taylor)和格蕾丝·凯利(Grace Kelly)等女演员穿着香奈儿服装拍摄的照片给她们带来了新的魅力光环。随

---

1 弗吉尼亚·波普(Virginia Pope),'World of Fashion is Divided on Dior',《纽约时报》(*New York Times*),1954 年 8 月 4 日,第 15 页;南·罗伯逊(Nan Robertson),'Designer Who Consults Fortune Teller Began an Empire with the "New Look"',《纽约时报》(*New York Times*),1957 年 2 月 12 日,第 24 页。
2 香奈儿给她的包起了个昵称"2.55",因为她于 1955 年 2 月推出了这款包。

着香奈儿的复兴,包括路易·马勒(Louis Malle)、罗杰·瓦迪姆(Roger Vadim)和阿兰·雷奈(Alain Resnais)在内的电影导演纷纷请她为他们的作品设计服装。理查德·阿维顿(Richard Avedon)和欧文·佩恩(Irving Penn)为《时尚》和《时尚芭莎》拍摄香奈儿的设计作品。

当香奈儿步入80岁之际,她的重返商界为她注入了新的活力。尽管香奈儿经常抗议称,奖项对她来说毫无意义,但在1957年9月,她还是前往德克萨斯州的达拉斯,接受了时尚界的一项荣誉——内曼·马库斯金色周年纪念奖(Neiman-Marcus Golden Anniversary Plaque)。《纽约时报》在报道这一事件时将她描述为"74岁的小鸟般的法国女人,两只眼睛又黑又亮,周身散发着宛若顽皮女学生的气息"。该报称,她的独特风格"由三种成分混合而成:少女感、舒适感和大量的珍珠"。在一个强调年轻和自由舒适地生活的国家,香奈儿的设计注定会成功。1954年重新开业后,香奈儿的影响力再次"迅速传播,部分原因是香奈儿与法国时装界的其他成员不同,她喜欢被仿制"。文章附上了在邦威特·特勒百货公司、罗德与泰勒百货公司和波道夫·古德曼百货公司有售的"真品"图样。这些百货公司里的衣服价格与高级定制时装相差甚远:罗德与泰勒百货公司的一套羊毛套装售价为23.50英镑;波道夫·古德曼百货公司的一套缎面剧院礼服套装售价为62英镑。[1] 高级定制时装的价格则是这些衣服价格的十倍。

尽管《纽约时报》将香奈儿描述为充满个性的人物，但几个月前的一篇文章明确指出，对新一代女性来说，"香奈儿"更多的是描述一种风格的形容词。"香奈儿造型"，《泰晤士报》写道：

> 以20世纪20年代的法国设计师命名，每个造型略有不同，但通常以宽松的线条和半合身的方形夹克为特色，特别是绉纱和平纹针织面料。香奈儿的影响力遍及整个时装市场，甚至是童装领域。[2]

香奈儿在曼哈顿停留时接受了《纽约客》的采访，她承认设计中的"大问题"是"如何让女性焕发青春"。让女性看起来年轻，然后她们的生活面貌也会改变。她们会感觉到更加快乐。[3] 在20世纪30年代，青春曾是香奈儿的口头禅，并且直到现在也是如此。

在美国期间，香奈儿听到了一个令人震惊的消息：她的竞争对手迪奥在意大利蒙特卡蒂尼（Montecatini）度假时不幸遭遇严重的心脏病去世。尽管这位超重设计师过去

---

1 《纽约时报》（*New York Times*），1957年9月9日，第28页。
2 同上，1957年6月12日，第65页。
3 《纽约客》（*The New Yorker*），1957年9月28日，第35页。

曾患过心脏病，但他在 52 岁的年纪去世依然震惊了时尚界。不过，他的公司的未来却从未受到质疑：几周之内，迪奥的得意门生、21 岁的伊夫·圣-罗兰（Yves Saint-Laurent），被任命为他的继任者。"圣罗兰的品味非常出色。"香奈儿在他的第一个时装系列问世之后如此说道，"他模仿我的越多，他表现出的品味就越好。"[1] 现在香奈儿有了新的竞争对手。

1959 年，萨克斯第五大道精品百货店的内部时事通讯《萨克斯报》（*Saks News*）报道称，第五层（Fifth Floor）独家系列的商品经理于 1 月 22 日至 2 月 5 日期间访问了巴黎，当时正值众多设计师相继开业之际。迪奥、浪凡、皮尔·卡丹、巴黎世家、帕图、纪梵希、杰奎斯·菲斯（Jacques Fath）和香奈儿等品牌都在相互竞争以赢得他手中的订单。在这些品牌中，香奈儿是一位幸存者。迪奥被圣罗兰取代，帕图于 1936 年去世，浪凡于 1946 年去世，菲斯于 1954 年去世；新设计师们接管了这些时装屋。但香奈儿似乎不知疲倦，一如既往地渴望看到她的风格被不断复制，在大众中间流行起来。

从 1955 年到 1971 年，香奈儿推出了 30 个时装系列，每个系列展示了大约 80 个模特。当香奈儿设计一个系列时，她会在早上十点到十一点之间到达康朋街，穿着套装、

---

[1] 引自阿克塞尔·马德森（Axel Madsen），*Chanel: A Woman of her Own*，1990 年，第 298 页。

丝绸衬衫，总是戴着她那顶帽子。到了20世纪60年代，香奈儿因关节炎而难以进行剪裁（尽管在65岁时，她甚至仍然能够在不弯曲膝盖的情况下用手触地）。此时，她仍可以持续工作大约九个小时，其间不休息、不吃不喝，有目击者称，也不用去厕所。到了晚上八点，有时甚至更晚的时候，香奈儿才终于停下来了。

然而，香奈儿的努力也无法阻止时尚界已进入成衣的新时代。香奈儿公司主要依靠化妆品销售，尤其是香水销售来盈利。1956年，雅克·海卢（Jacques Helleu）加入公司，担任香水和化妆品广告总监。才华横溢又精明老道的海卢策划了一系列广告活动，取得了惊人的成功。海卢邀请了一些迷人的女性来充当香奈儿的"门面"。海卢深知封面女郎——很快她们就被称为超模——的广告吸引力。在海卢的超长任期中，他的选择包括凯瑟琳·德纳芙（Catherine Deneuve）、妮可·基德曼（Nicole Kidman）、凡妮莎·帕拉迪斯（Vanessa Paradis）、凯拉·奈特莉（Keira Knightley）和凯特·莫斯（Kate Moss）。其中最令人难忘的是苏齐·帕克（Suzy Parker）。

帕克是一位个子高挑、一头红发的得克萨斯人。她并不符合香奈儿通常使用的娇小的模特风格，但她浑身散发着活力和优雅，她的笑容令人眼花缭乱、难以抗拒。1948年，15岁的帕克开始了她的模特生涯，霍斯特和理查德·阿维顿为她拍了模特照，签约了艾琳·福特模特经纪公司

(Eileen Ford Agency)。这家公司此前已经签下了她的姐姐多莉安（Dorian）。在接下来的十年里，帕克是《时尚》和《时尚芭莎》上的常客，并且在1958年结婚之前一直是香奈儿模特里的明星。然而帕克不仅仅想做一名模特，她还开始了电影生涯，与加里·格兰特（Cary Grant）和加里·库珀（Gary Cooper）等男演员演对手戏。她的轻浮又活泼的个性是奥黛丽·赫本（Audrey Hepburn）在《滑稽面孔》（*Funny Face*）中角色的灵感来源。1957年，帕克和香奈儿登上了《她》（*Elle*）杂志的封面，此时恰逢香奈儿获得了内曼·马库斯奖（Neiman-Marcus award）。帕克是香奈儿个人最喜欢的人之一，这引发了香奈儿对帕克有着性吸引力的谣言，但双方都进行了极力否认。她们的友谊异常热烈，1959年香奈儿成为帕克女儿乔治亚·贝尔·弗洛里安·可可·香奈儿·德拉萨尔（Georgia Belle Florian Coco Chanel de la Salle）的教母。

从20世纪60年代开始，卢·格拉姆巴赫·马昆德（Lilou Grumbach Marquand）在香奈儿的生活中扮演了越来越重要的角色。马昆德的回忆录《香奈儿对我说》（*Chanel M'a Dit*）成为了解香奈儿晚年情况的重要资料来源。马昆德后来嫁给了新闻记者菲利普·格鲁巴赫（Philippe Grumbach）。她是通过她们两人共同的朋友，《巴黎竞赛画报》（*Paris-Match*）的总监赫维·米勒（Hervé Mille）和他的兄弟、室内设计师杰拉德·米勒（Gérard Mille）认识香奈儿的。在马昆德从香奈儿那里订购了一套衣服后,她提出建议,不用现金支付而是通过工作来偿还费用。香奈儿同意了,于是马昆德先是担任她的新闻秘书,后来担任陪护,直到香奈儿去世。马昆德说,头两年她很少见到香奈儿,因为香奈儿最珍视的模特玛丽-埃莱娜·阿诺德一直在充当香奈儿和任何威胁要接近她的人之间的中间人。尽管香奈儿竭尽全力挽留阿诺德,甚至任命她的父亲担任公司负责人,但阿诺德最终还是离开了,满怀着创办自己的时装屋的雄心。然而这个计划以及对演艺事业的尝试,她最终都没能如愿以偿。

香奈儿与马昆德的关系可以用善变来形容。起初,香奈儿似乎对马昆德和她的生活的一切都很感兴趣,很高兴找到她们共享的东西。但马昆德并不确定香奈儿的感兴趣是否是诚信的。"香奈儿小姐想引诱我,"马昆德回忆道,"没有人能拒绝她。"有的时候,香奈儿可能很有趣、细心、热情;但她也可能非常苛刻、控制欲强、占有欲强。马昆德很快了解到香奈儿对一切都有自己的看法:"时尚,还有呼吸的方式、跑步的方式以及滋养自我的方式。"[1]

马昆德的角色很快从业务助理转变为香奈儿的私人侍从。每天,她都会到丽兹酒店给香奈儿做头发,帮她化妆。然后,香奈儿的女仆珍妮(Jeanne)会帮她穿衣服。香奈儿

---

[1] 卢·马昆德(Lilou Marquand), *Chanel m'a dit*, 1990年,第32页。

会在整个着装过程中的几个阶段喷香水。她们会在中午十二点三十分左右离开丽兹酒店，讨论当天的日程安排。在她们进入时装屋之前，工作人员会有一阵忙乱，分别在沙龙和工作室中各就各位。一点钟，工人们就去餐厅吃午饭，但香奈儿很少这么早就饿了。有时候她会突然造访人体模特们的小屋；或者如果有重要客户到访的话，她就会去更衣室。一些客户——例如碧姬·芭铎（Brigitte Bardot）——更想要避开她。

马昆德每周大约两次与香奈儿在丽兹酒店共进晚餐。香奈儿喝一杯桑塞尔白葡萄酒（Sancerre），马昆德则会喝一杯香槟。在桌子一角还放着一小盘公丁香，每次吃完饭后香奈儿都会含一粒在舌下。"她对异味极其敏感，"马昆德说，"而且完全无法忍受口臭。"[1] 随着年纪的增长，香奈儿对食物散发出的异味的厌恶也越来越强烈。在丽兹酒店用餐时，她需要坐得离其他食客好几张桌子远。

马昆德对这份工作的部分兴趣在于这里星光熠熠：在晚宴上，她可能会遇到时尚编辑戴安娜·弗里兰（Diana Vreeland）；作家米歇尔·代翁；让-雅克·塞尔旺-施赖贝尔（Jean-Jacques Servan-Schreiber）会与香奈儿的客户之一弗朗索瓦丝·吉鲁（Françoise Giroud）一同前来；还有其他著名男星女星，比如马龙·白兰度（Marlon Brando）和

---

[1] 卢·马昆德（Lilou Marquand），*Chanel m'a dit*，1990年，第44页。

珍妮·莫罗。马昆德回忆说，香奈儿似乎与玛琳·黛德丽（Marlene Dietrich）在一起时特别自在，后者与她分享很多食谱以及化妆建议。

同这些年来其他与香奈儿共度过时光的人一样，马昆德还记得香奈儿的喋喋不休。"在工作中，在饭桌上，在床上、外出散步或坐车兜风，在康朋街或其他地方，小姐都会不停说话……她说话一刻也不停顿，甚至不用换气，她会把一顿午餐延长到下午五点，把一顿晚餐延长到第二天黎明。"她害怕沉默。当她说话的时候，她的双手也无法保持静止，她会把餐巾叠来叠去，摆弄桌上的小刀，或者摆弄她客厅里的一只玉青蛙。在床上，她会抚摸着床单或毯子。她说话的时候，她的手似乎一直在清点她的财产，甚至包括项链上的珍珠数目。[1]

马昆德注意到，到了 20 世纪 60 年代，香奈儿似乎在修改自己的历史，甚至是那些她一生都忠实地坚持着的谎言。

> 她说她并不真地爱那个形塑了她并将她介绍给世人的"男孩"卡柏……她发誓，她战前的情人德米特里大公曾阻止了她收养一个孩子；她发誓保罗·伊里巴的死是因她而起的……她强迫伊里巴在大病初愈后就参加网球比赛；以及如

---

[1] 卢·马昆德（Lilou Marquand），*Chanel m'a dit*，1990 年，第 53 页。

果她能生孩子的话,她最终会嫁给威斯敏斯特公爵。[1]

香奈儿告诉马昆德,她在战前与达利有染,目的只是为了惹恼他妻子加拉。马昆德认为,这些自相矛盾又不合时宜的坦白证明了一件事:孤独正沉重地压在香奈儿的身上。

当马昆德陪香奈儿去意大利或瑞士度假时,香奈儿的管家弗朗索瓦·米罗内(François Mironnet)开着她的凯迪拉克,而香奈儿则和马昆德一起坐在后排。香奈儿会唱起第一次世界大战前她记忆中的歌剧片段或者伊冯娜·普兰当(Yvonne Printemps)的歌。香奈儿在旅途中似乎很高兴,可一旦进到洛桑的家中,她就又变得焦躁不安和无聊了。通常,香奈儿会和马昆德并排坐着读书,或者香奈儿会请马昆德为自己读一首诗或陪自己散步,但随后她就会陷入抑郁。香奈儿讨厌度假。

除工作外,香奈儿还有一件热衷的事就是干涉别人的生活。"对于'如果有来生你想做什么'这个问题,香奈儿的回答总是:'外科医生。'因为她对疾病感到好奇,"马昆德说,"但我相信,这也是因为她喜欢对人指手画脚。"比如,克劳德·德莱记得香奈儿对一位向她询问有关婚姻建议的年轻女子告诫说:

---

[1] 卢·马昆德(Lilou Marquand),*Chanel m'a dit*,1990年,第108页。

当你嫁给一个男人时，你应该把他当作你的第一个孩子。他很脆弱！当他回家时受到你的叨扰，并且表示不喜欢你给他展示的卧室壁纸样本时，不要试图据理力争。你永远不要对他说不。[1]

马昆德记得罗密·施奈德（Romy Schneider）来见香奈儿（她是被维斯康蒂送来的）。香奈儿带她去了沙龙，观察罗密的一举一动，并做出了自己的诊断。她告诉罗密要节食，并且修剪她的头发；香奈儿很喜欢扮演皮格马利翁这个角色。[2]

香奈儿也很直接地对马昆德的生活进行干涉。1962年，当马昆德的丈夫想离开巴黎搬到普罗旺斯时，香奈儿不同意。这一举动似乎给了马昆德一个机会来逃离那时香奈儿对她的压榨：香奈儿占用了她太多的时间和精力，以至于后者被迫忽视了她的家庭。有时香奈儿会勃然大怒，宣布解雇马昆德，但后面又会哄她回来。当马昆德夫妇因为需要更多收入而很快决定返回巴黎时，马昆德找到香奈儿想重新要回她的工作，香奈儿再次雇用了她。旋即，马昆德注意到了香奈儿在生活上发生的变化：她似乎爱上了弗朗索瓦·米罗内，像年轻女子一样与他调情，并说起要

---

[1] 克劳德·德莱（Claude Delay），*Chanel Solitaire*，第146页。
[2] 同上，第104页。

嫁给他。香奈儿告诉马昆德，弗朗索瓦长得很像公爵，他让她感到平静。很快香奈儿就将弗朗索瓦提拔为珠宝设计师。另一方面，弗朗索瓦很钦佩香奈儿，但并没有将她视为爱侣。而且，当时他已经订婚了。当他的未婚妻从英国来到巴黎时，香奈儿聘请她做了女佣，以确保弗朗索瓦会继续在此工作。

在情感上，香奈儿似乎越来越脆弱。由于失眠，她凌晨两点才睡下，早上六点就起床了。她需要遵循一套精确的仪式步骤才能入睡：打开窗户，穿上睡衣，用丝巾裹住脖子和头发。她需要注射赛多〔Sedol，有效成分为阿洛巴比妥，类似于维柯丁（Vicodin）〕或者一剂莎彭内利（Supponeryl，一种安眠药，有效成分为阿洛巴比妥）栓剂——这种药比她白天服用的赖以度日的药更有效，由她洛桑的药剂师提供。尽管马昆德声称香奈儿害怕毒品，但很显然，香奈儿依赖着它们来缓解心理和身体上的痛苦。"这就是我的生活：一支镇静剂，一杯咖啡，一支镇静剂，一杯咖啡。"香奈儿告诉保罗·莫朗。[1] "有时，你的传奇会伴随着你，"她补充道，"有时，你会被淹没在其中。"[2]

---

[1] 保罗·莫朗（Paul Morand），'On Proust and Chanel'，*Yale Review*，xciv/2，2006年，第75页。
[2] 同上，第82页。

10 活着的传奇

当你不高兴的时候,就战斗。

——香奈儿,1971年[1]

1962年,27岁的道格拉斯·科克兰(Douglas Kirkland)来到巴黎。他是《看客》(*Look*)的摄影记者,此行是为了完成一篇香奈儿的报道。该杂志社曾就是否值得做这篇报道有过一些争论,但持赞成意见的时尚编辑帕特里夏·科芬(Patricia Coffin)最后占了上风。尽管香奈儿想要的是一篇时尚宣传,但该杂志还是决定将文章重点放在香奈儿本人身上。尽管香奈儿对此心存疑虑,但是渴望公众知名度的她还是同意了这次采访,但她坚持要求对科克兰拍的照片进行审核。起初,科克兰觉得香奈儿十分令人生畏。科克兰记得有一天早上,他在沙龙里拐过一个拐角,意外地和香奈儿打了个照面。

---

1 香奈儿(Chanel),引自《女装日报》(*Women's Wear Daily*),1971年,第9页。

"她直视着我，说：'致敬（Salut）。'我愣住了。"科克兰说，一方面是不确定自己的法语水平，另一方面也不知道香奈儿曾经在英国待了相当长的时间，"过了一会儿，她又用标准的英语低声说道：'我刚刚向你打了个招呼。'"[1]渐渐地，科克兰对与香奈儿相处这件事感到越来越自在，而香奈儿也开始热情地对待他——"就像她从未有过的儿子，"科克兰这样想着，"或者是她过去的某个遥远的情人。"[2]

香奈儿在工作时，有众多的助手簇拥着她，她尽情地在镜头前展现自己。她是工作室里的女伶，用一只1925年登喜路（Dunhill）打火机点燃带有滤嘴的香烟。香奈儿说这是一件礼物——大家猜测很可能来自威斯敏斯特公爵。她在秀场开幕时则扮演了一个不同的角色。当模特列队行进时，她退回到楼梯顶部，然后在主更衣室举行的香槟招待会上收获属于自己的掌声，享受着客人们的簇拥环绕。1962年8月初的秀场客人中包括克劳德·蓬皮杜（Claude Pompidou，时任法国总理的妻子）、女演员蕾切尔·罗伯茨（Rachel Roberts）、李·洛兹维尔王妃（Princess Lee Radziwill）、阿特·布奇沃德（Art Buchwald），以及许多报纸和杂志的编辑们和插画家们。

---

[1] 道格拉斯·科克兰（Douglas Kirkland），*Coco Chanel：Three Weeks*，2008年，第11页。
[2] 同上，第12页。

访问结束时,香奈儿邀请科克兰在一个周六下午到她的公寓吃午餐,并陪她去了凡尔赛宫。午餐结束时,香奈儿邀请这位年轻朋友和她一起去瑞士度假,她答应科克兰在那里会有机会拍到更多的照片。不过,此时此刻,凡尔赛宫是他们的目的地。他们在那里逗留了几个小时后,天开始下雨,科克兰把自己的雨衣给了香奈儿。"当我们的活动接近尾声时",科克兰回忆道:

> 我在灰暗的灯光下回头望去,看到了远处她小小的身影。我问自己:"这么小的一个人怎么能拥有如此大的力量?"我默默举起相机,拍下了最后一张照片,这就是我对可可·香奈儿的永恒印象。[1]

尽管科克兰对他的采访对象表现出明显的喜爱和尊重,但香奈儿对《看客》在1962年10月23日刊登的这篇文章并不满意。她向帕特里夏·科芬发泄了自己的愤怒,后者最终发现香奈儿永远不会对任何人写的任何关于她的文章感到满意。然而,她却依然希望被这个似乎正在忘记她的世界报道、关注和尊重。在香奈儿复出几年后,她把这个希望放在了百老汇身上。

"我从10岁起就对香奈儿很着迷,"制片人弗雷德里

---

[1] 道格拉斯·科克兰(Douglas Kirkland), *Coco Chanel: Three Weeks*, 2008年,第13页。

克·布里森（Frederick Brisson）在解释他为何决定将香奈儿的人生故事搬上舞台时说道，"我被这个剪短头发、在公共场合抽烟、穿裤子而非裙子的女人迷住了。"[1] 当时布里森作为制片人，已经出品了两部非常成功的音乐剧：《睡衣仙舞》（*The Pyjama Game*，1954）和《失魂记》（*Damn Yankees*，1955）。布里森早在1954年就试图说服香奈儿同意让他来制作这部剧，每次他去巴黎拜访香奈儿的时候都会提起这件事。但是香奈儿一直不同意。据说20世纪30年代末路易斯·B. 梅耶（Louis B. Mayer）就曾试图购买她的人生故事的版权，她同样也拒绝了。香奈儿害怕暴露，害怕无法再继续操控她自己精心雕琢的神话。"拥有传奇的人最终会变成传奇里的样子，"香奈儿曾经对达利说，"这样才能增强自己的知名度。"[2] 但在1957年，香奈儿邀请布里森和他的妻子罗莎琳·拉塞尔（Rosalind Russell）共进晚餐，并最终同意了这个计划。[3] 克劳德·德莱说，香奈儿之所以改变了主意，是因为她信任美国人，并且她认为这部剧迫切需要宣传。除了一场百老汇演出，香奈儿希望还有一次国际巡演以及一部电影——这些都能够提升她的名气。

在最初的讨论中，香奈儿建议请谷克多作为编剧——

---

[1] 'Show Business: The Very Expensive Coco'，《时代周刊》（*Time*），1969年11月7日。
[2] 萨尔瓦多·达利（Salvador Dali），*The Unspeakable Confessions of Salvador Dali, as Told to André Parinaud*，哈罗德·萨勒姆森（Harold J. Salemson）译，1976年，第211页。
[3] 罗莎琳·拉塞尔（Rosalind Russell）、克里斯·蔡斯（Chris Chase），*Life is a Banquet*，1979年，第180~181页。

毕竟，香奈儿认为他是一个可以被自己操纵的男人，而谷克多也欠她很多人情。但布里森很明智地想要请艾伦·杰伊·勒纳（Alan Jay Lerner）来做这份工作，他为《窈窕淑女》（*My Fair Lady*）写的剧本为他赢得了巨大的赞誉。[1] 然而香奈儿却不太喜欢《窈窕淑女》，她认为其中的剧服设计不真实。她坚称自己不是"窈窕淑女"，而是把自己比作希金斯教授（Professor Higgins）（《窈窕淑女》的男主），另一个皮格马利翁式的人物。尽管如此，香奈儿还是承认勒纳的文笔足够优雅，足以将她的人生改变成一部音乐剧。1960 年《亚瑟王宫》（*Camelot*）在百老汇上演后不久，勒纳就加入了这个项目。在理查德·罗杰斯（Richard Rogers）放弃创作曲调后，安德烈·普列文（André Previn）签约接下了这个项目，而这是普列文在百老汇的首次亮相。

然而，即使得到了香奈儿的同意，正式的合同也有好几年无法签订。在此期间布里森发现任何带有香奈儿名字的东西的所有权都被皮埃尔·韦特海默控制着。韦特海默告诉布里森，香奈儿品牌（House of Chanel）对百老汇演出不感兴趣，因为这只会降低品牌的身价。与此前几次香奈儿和韦特海默谈判的情况不同，这一次香奈儿身边有很多顾问，是他们在主导这次谈判：她的律师雷内·德·尚布

---

[1] 除非另有说明，有关《可可（*Coco*）》的制作信息的内容均来自纽约公共表演艺术图书馆（New York Public Library for the Performing Arts）比利·罗斯剧院部（Billy Rose Theatre Division）关于弗雷德里克·布里森（Frederick Brisson）和凯瑟琳·赫本（Katharine Hepburn）的论文。

伦、爱德华·德·塞贡扎克（Edouard de Segonzac），以及她的朋友赫维·米勒（Hervé Mille）。经过几个月的通信和讨价还价，最终达成了一份十四页的合同。合同规定了布里森有权继续进行，但前提是他同意许多条件：剧本只能包括香奈儿本人同意使用的生活中的事件；剧本中不能使用香奈儿这个名字，除非是为了识别其角色以及她的商店名称；剧中的描绘不能损害香奈儿的地位和声望；剧中没有人扮演韦特海默或香奈儿公司（Chanel, Inc.）的其他任何人。此外，如果该剧最终将被改编为一部电影，那么它必须由知名制片人制作并由大发行商发行；如果它被电视台购买，那么它必须在全国性的电视网上播出，并且其间不能有任何与香奈儿公司形成竞争的公司的产品广告。合同还规定香奈儿本人保留批准最终剧本的权利，这让香奈儿认为，她有选择扮演自己的女演员的权利。

离剧本完成还有很长的路要走。勒纳说："香奈儿小姐是一个迷人的人，但对大多数美国人来说，她只是一个香水品牌。这就像告诉公众世界上真的有一个别克先生（Mr Buick）一样——我们必须让商品变回活生生的人。"[1] 但是勒纳发现想要在材料受限的情况下，让香奈儿这个牌子"活过来"是一件非常困难的事。勒纳可以用到的研究材料包括1954年出版的《当代人物传记》（*Current Biography*）

---

[1] 引自《纽约先驱论坛报》（*New York Herald Tribune*），1961年4月20日。

中香奈儿的词条和几篇杂志文章。所有这些资料都重复了有关香奈儿生活的老掉牙的轶事：她被慈爱的父亲抛弃，她富有而著名的情人们，她对工作的忘我投入，和她将女性从19世纪的喧嚣、紧身胸衣以及繁复装饰中解放出来的革命之举。这部剧准备以1954年香奈儿重返时尚界作为开始；然而不幸的是，勒纳在早期的草稿中将香奈儿描绘成了一位一肚子苦水的喋喋不休的老太太。即使到了1967年，经过多次重写后，布里森的读者们仍然发现剧本薄弱、对话生硬以及故事的核心人物冷酷无情。谁会关心她是否能重返江湖呢？一位读者建议道，这部剧需要一个主线爱情故事；没有它的话，情节就会太过僵硬不连贯。

尽管如此，在勒纳仍然继续重写着剧本的同时，布里森已经准备将项目推进到下一阶段了。派拉蒙影业公司（Paramount Pictures）以56万英镑的资金支持，换取了该剧本改拍电影的拍摄权。这使得这部剧成为百老汇历史上成本最高的剧目。《窈窕淑女》的服装设计师塞西尔·比顿（Cecil Beaton）签约参与该剧的服装和布景工作。仅他制作的253套剧服就花费了93000英镑。尽管他只设计了两幕场景，但它们都非常精致且有着复杂的机械装置——其中一套复制了香奈儿沙龙中铺着米色地毯的镜面楼梯。

该剧还没有敲定出演的明星，但香奈儿提出了几种可能性：伊丽莎白·泰勒或者朱莉·克里斯蒂（Julie Christie）；但是布里森却坚持，最终决定权在他手上，不管香奈儿变来变去的想法到底是什么。"你知道事情是怎么回事,"布里森告诉记者,"她看了另一个女演员演的另一部电影就会改变主意,每周如此。"[1] 布里森的第一选择是奥黛丽·赫本(Audrey Hepburn),她娇小苗条的身材在外形上最像香奈儿,而她在《窈窕淑女》中饰演伊莉莎·杜利特尔(Eliza Doolittle)一角的成功使她成为百老汇最受追捧的明星之一。1963年春天,当赫本在法国拍摄《巴黎假期》(*Paris When it Sizzles*)和《谜中谜》(*Charade*)时,布里森恳求她与香奈儿进行会面。赫本在前一年曾对这个角色表示过轻微的兴趣,但这一次她却抽不出时间与香奈儿见面;此外,她告诉布里森,她真的觉得自己不适合这个角色。赫本拒绝后,罗莎琳·拉塞尔认为这个角色会轮到她:"我周一晚上读了剧本,周二早上就告诉我的丈夫我想扮演这个角色。"[2]

布里森回忆说,1966年勒纳在普列文的伴奏下为香奈儿演唱了几首曲目,而她在读完了剧本后便同意了,一字未改。然而,根据克劳德·德莱的说法,香奈儿从未见过这个剧本。"她警惕任何轻率行为,任何对她不为人知的孤独的侵犯。她对艾伦·勒纳和弗雷德里克·布里森将《可可》

---

[1] 'Chanel on the Styles of the Sixties: "It is a Lousy Time for Women"',《纽约时报》(*New York Times*), 1967年2月14日, 第46页。
[2] 'Rosalind Russell to Star in "Coco"',《纽约时报》(*New York Times*), 1967年9月27日, 第43页。

(*Coco*)搬上百老汇一事充满信心,因此没有要求看剧本。"[1]但如果她这样做了,那么她就会知道剧中她是一个对为年轻女性创造新风格的年轻设计师充满愤怒的女人;对一个由男同性恋主导的时尚界充满愤怒的女人;对认为她终将失败的巴黎媒体充满愤怒的女人。剧中,香奈儿的父亲敦促她走向成功,几位富有的恋人帮助她创业,但最终这些恋人都没有温暖她的生活。她十分宠爱一位年轻美丽的模特,但当这位模特决定结婚时,香奈儿感到十分苦恼。金钱和赞誉,这些都成为她衡量幸福的标准,这也是该剧的一首主题曲的副歌部分的内容。鉴于有这么多香奈儿创造的永恒传奇作为剧情,她说不定早就会认可这个剧本了。

1967年2月,布里森和香奈儿在巴黎接受了一次联合采访,布里森在采访中宣布该剧定于当年秋季上演。但普列文仍在创作音乐,布里森也还没有找到导演或编舞,甚至主演也没有选定。勒纳和普列文都认为拉塞尔不适合扮演一位脆弱又要求严格的女装设计师。勒纳偷偷地将剧本寄给了他认为是这个角色的天选之人的女演员——凯瑟琳·赫本(Katharine Hepburn)。在收到勒纳十分奉承的角色邀请的同时,赫本也收到了他们共同的好友兼知己莉莉·梅辛格(Lillie Messinger)的一封简短的便条,热情地

---

[1] 克劳德·德莱(Claude Delay),*Chanel Solitaire*,芭芭拉·布雷(Barbara Bray)译,1974年,第155页。

敦促她读读这部剧本。

62岁的赫本此时正处于人生的艰难时刻。尽管她刚刚凭借《猜猜谁来吃晚饭》（*Guess Who's Coming to Dinner*, 1967）和《冬狮》（*The Lion in Winter*, 1968）中的角色获得两项奥斯卡金像奖（Academy Awards），但她仍沉浸在巨大的痛苦之中，为在八个月前刚刚去世的爱人斯宾塞·屈塞（Spencer Tracy）哀伤不已。她很沮丧，并且向勒纳坦诚，她正在考虑完全放弃演艺事业。另一方面，接演这部戏带来的挑战——唱歌和跳舞对赫本来说无疑是全新的事物——以及在十五年后重返百老汇［她最后一次在百老汇的演出是萧伯纳（George Bernard Shaw）的《百万富翁》（*The Millionairess*）］又对她充满了吸引力。就像香奈儿一样，对赫本来说，悲伤会转化为对工作的痴迷和对奉承的过分需求——而这种奉承只能从观众那里，在剧院里，夜复一夜地感受到。她决定重返舞台。

在收到勒纳的剧本几个月后，布里森、拉塞尔以及其他几个朋友一起为赫本进行了试镜。赫本以《窈窕淑女》中雷克斯·哈里森（Rex Harrison）的唱腔边说边唱了一些科尔·波特（Cole Porter）的曲目。布里森愤怒地评论道她听起来像唐老鸭，作为音乐剧资深演员罗莎琳·拉塞尔也同意这个观点。但是在赫本的决心和勒纳的支持面前，夫妻俩无能为力。演艺界的报纸和大众媒体从中嗅到了精彩丑闻而兴奋不已，散布着罗莎琳·拉塞尔既不情愿也不高兴地被迫放弃这个角色的传言。香奈儿在这些报道上又加了一把火,她声称凯瑟琳·赫本是她选定的人选,因为她看起来比拉塞尔更符合她的形象。香奈儿还暗示拉塞尔太胖了,不够精致,无法扮演好自己——精致是她最希望这部剧的每个参与者都具备的品质。拉塞尔对香奈儿的含沙射影非常不满,当然也对勒纳联系赫本的阴险方式深感不满,但在对剧本做的笔记中她也透露了对于这部剧其实并不满意:剧本缺乏戏剧性,可可的角色似乎没有动机也很无聊,对话读起来太像一大串引语。不扮演可可似乎反而是一种解脱。最后,布里森发布了一份媒体通稿,解释是因为拉塞尔的电影档期密集——首先就是《速成女神探》(*The Unexpected Mrs Pollifax*)——所以无法出演百老汇戏剧。

甫一同意出演这个角色,赫本——她一直以令人钦佩的专业精神而闻名——就突然变成了一个女伶:要求苛刻且控制欲极强。她在合同中要求的福利之一是同意她想要的导演和编舞。由于赫本是音乐喜剧的新手,因此她坚持与经验丰富的团队合作:杰罗姆·罗宾斯(Jerome Robbins)、高尔·钱皮恩(Gower Champion)、赫伯特·罗斯(Herbert Ross)、迈克尔·本霍尔(Michael Benthall)或者迈克·尼科尔斯(Mike Nichols)是她首先提出的一些人选。合同允许她总共提名十二个人,但要在排练开始前一年就提交。赫本还要求制片人必须为她支付一名声乐老师、一名秘书

[她的伴侣菲利斯·威尔伯恩（Phyllis Wilbourn）担任了该角色]和一名美发师的费用。赫本还希望能够由她来决定演出场地和男主角。如果该剧拍成电影，赫本还将获得25万英镑和7.5%的票房利润。

赫本对排练的推迟感到十分不安，她愤怒地厉声斥责布里森和勒纳。布里森不同意赫本去伦敦的比顿那里试戏服，但她还是去了（和威尔伯恩一起）。他们乘坐了头等舱，并且向管理层索要机票费用。赫本让布里森没完没了地等着，等她决定她将什么时候出现在这部预定于秋季开幕的演出中：一开始说是4月，然后是6月，然后是整个夏天，最后根本不来。这使得布里森无法去试镜另一位女演员来取代赫本出演这个角色。当赫本看到宣传海报的计划时，她抱怨自己的名字字体太小，而比顿为她画的宣传画不讨人喜欢，同时比顿的签名又太大了。另外，就剧本而言，她对可可喜爱的模特诺艾尔（Noelle）一角的选角很坚决：赫本说，这个女人不应该显得太男性化，不然这会助长两人之间的女同恋情的谣言，而这个谣言一直困扰着两人的生活。人们对香奈儿的感情生活很好奇。香奈儿和米西娅曾经是恋人吗？香奈儿是否被发现和玛吉·范·祖伊伦在法式别墅（La Pausa）同床共眠？香奈儿是否曾经向一些年轻模特示好，特别是玛丽-埃莱娜·阿诺德？香奈儿和玛琳·黛德丽有过幽会吗？香奈儿对这些问题的回答是响亮的"不"。

至于有关赫本的传言，尽管她的传记作者威廉·曼（William Mann）坚称赫本和她的忠实伴侣菲利斯·威尔伯恩并不是恋人，但他们的关系似乎是格特鲁德·斯坦（Gertrude Stein）和爱丽丝·B. 托克拉斯（Alice B. Toklas）的翻版，威尔伯恩同样担任着赫本生活中谦逊的调解人的角色。赫本也与其他女性有所瓜葛，尤其是她的老朋友劳拉·哈丁（Laura Harding）——曼相信她是赫本的情人。很显然，对于诺艾尔这个角色，赫本选定的是盖尔·迪克森（Gale Dixon），她是一位23岁、音色甜美的女高音，是天真无邪的少女的典型。

最终这部剧选定由迈克尔·本霍尔（Michael Benthall）执导，迈克尔·班尼特（Michael Bennett）编舞，罗伯特·艾默特·多兰（Robert Emmett Dolan）担任音乐总监。排练终于开始后，赫本反而变得更加愤怒。她要求剧院的温度恒定保持在15.5℃（59.9°F），这对其他人来说都冷得不舒服。赫本总是第一个登上舞台，最后一个下台，她可以不间断地长时间工作。"她唯一感到恐慌的时候是当她无事可做时。"勒纳说。演出时长两个半小时，而她在台上的时间只有十二分钟，可她一点也不担心。"我认为我很活跃。"她说。[1] 赫本因为这些排练很辛苦，因此也很容易感到沮丧，需要不断地获得表扬。难怪在巴黎拜访了香奈儿之后，赫本就很

---

[1] 'Show Business: The Very Expensive Coco'，1969年11月7日。

确信她们俩是同类。"我们并没有什么不同。"赫本对她的知己加森·卡宁（Garson Kanin）说道。[1]

香奈儿打算出席1969年12月18日在马克·赫林格剧院（Mark Hellinger Theatre）举行的首演。毫无疑问，她还记得几十年前她在纽约旅行期间受到的热情接待。香奈儿为这次活动准备了一件白色亮片连衣裙，但又推迟购买去美国的机票。公演前一周，德莱去了香奈儿在丽兹酒店的公寓，手里拿着莫里斯·萨克斯的《女巫安息日》（Witches Sabbath）。香奈儿想要重读这本书。德莱发现一位医生刚刚离开：香奈儿的右手瘫痪了。在纳伊（Neuilly）的美国医院（American Hospital）里，香奈儿被告知大约需要三个月的时间她才能重新使用自己的右手，这个预估让她很沮丧。当谢尔盖·利法尔告诉香奈儿他认识一位瑞典治疗师时，她请求利法尔派人去请这位治疗师。"治疗师来到了丽兹酒店，"德莱说道，"在普赛克沙龙（Psyche salon）里唱完了整首《丑角》（Pagliacci），并亲吻了香奈儿的手，但没有成功让它复活。"[2] 香奈儿决定留在巴黎。

在经过40场预演，同时又没有安排任何外地试演的情况下，这部剧获得了百老汇有史以来最强劲的预售成绩。报纸和杂志报道说，《可可》（Coco）是这个演出季"最受

---

[1] 引自威廉·J. 曼（William J. Mann），*Kate, The Woman who was Hepburn*，2006年，第443页。
[2] 同上，第157页。

期待的一场"，首演的观众中挤满了名人：小道格拉斯·范朋克（Douglas Fairbanks Jr）、奥托·普雷明格（Otto Preminger）、丹尼·凯耶（Danny Kaye）、玛莎·葛兰姆（Martha Graham）、普列文怀孕的未婚妻米娅·法罗（Mia Farrow）、劳伦·白考尔（Lauren Bacall）、鲁丝·戈登（Ruth Gordon）和李·拉齐维尔。有些女性身着香奈儿，其他人则穿着她的某位竞争对手的衣服——詹姆斯·葛伦斯（James Galanos）穿着一件迪奥外套。《纽约时报》的时尚记者伯纳丁·莫里斯（Bernadine Morris）写道，大堂里的各种华服与台上比顿制作的戏服一样光彩照人。[1]

然而，尽管观众充满了兴奋和浮华，该剧本身却令几乎所有评论家都感到失望。克莱夫·巴恩斯（Clive Barnes）在《纽约时报》上撰文，认为这部剧完全不知所云，他不知道"可可"是谁或是什么——他怀疑这也许是一种低卡巧克力饮料的名字？巴恩斯认为剧本非常无聊，音乐"令人完全记不住以至于根本无从批评"，布景"丑陋"且"极其平庸"。但巴恩斯却热情洋溢地称赞了赫本，说她是"一个无忧无虑的精灵，一团热切跳动的火焰"。"她的歌声是独一无二的，"巴恩斯写道，"是信仰、爱情和喉炎的精巧结合，令人难忘，令人难以置信，同时令人十分愉悦。"[2]

---

[1] 'At "Coco", There Was a Fashion Show Both on Stage and Off'，《纽约时报》（*New York Times*），1969 年 12 月 19 日，第 59 页。
[2] 《纽约时报》（*New York Times*），1969 年 12 月 19 日，第 66 页。

《纽约邮报》（*New York Post*）的评论家理查德·瓦茨（Richard Watts）对此表示同意，称该剧"令人惊讶的乏味……因为劣质的剧本和小调式的配乐而变得十分残缺"[1]。尽管如此，瓦茨还是像《每日新闻》（*Daily News*）的约翰·查普曼（John Chapman）一样，对赫本的表演赞不绝口。也正是因为自身精彩的表演，赫本每晚都会在舞台上收到她渴望得到的热烈掌声。尽管评论家们批评不断，这部剧的门票销售依然火爆。赫本因为这部剧获得了托尼奖（Tony Award）提名，但最终输给了主演《喝彩》（*Applause*）的劳伦·白考尔（Lauren Bacall）。

如果说赫本在她之前为勒纳和布里森做的即兴表演中听起来像鸭子，那么到演出开始时，她已经攻克了声乐这道难关。赫本在剧中演唱了十三首歌曲中的六首，她引吭高歌，声音中捕捉到了香奈儿特有的那种坚毅，并且完全不带法国口音。赫本的台词则一如既往：康涅狄格和费城口音的混合体。她扮演的可可满怀激情和信念，坚决反对任何认为她的名气已经衰微或者她永远无法成功东山再起的观点。她宣称，"金钱就像自由一样响亮"。美国百货公司都热衷于引进她的设计，"世界属于年轻人"这句话在她身上并不适用。香奈儿向赫本发来贺电。私下里，香奈儿希望百老汇只是传播她传奇故事的第一站。她希望赫本能带着这部

---

[1]《纽约邮报》(*New York Post*)，1969年12月19日，第30页。

剧——这场香奈儿的时装秀——走遍美国和欧洲。

尽管歌曲里唱得振奋人心,但香奈儿越来越意识到时尚界确实属于年轻人。她依然坚持批评当下的时尚,即使它比她所鄙视的迷你裙和休闲裤更传统保守。香奈儿的怒火指向的愤怒目标之一是杰奎琳·肯尼迪(Jacqueline Kennedy),香奈儿斥责她"品味很糟糕,并且还要为将这种糟糕的品味传遍整个美国而负责"。在香奈儿看来,杰奎琳那条白色短款包身连衣裙尤其应受谴责。其他设计师很快站出来为杰奎琳辩护。杰奎琳最喜欢的设计师之一奥列格·卡西尼(Oleg Cassini)说:"看看肯尼迪夫人,再看看香奈儿。恐怕有一天,生活会从你身边溜走,除攻击他人的能力还留在你的记忆中外,什么都不会留下。香奈儿曾经很伟大,曾经她也拥有过理性和良好的品味。"24 岁的贝齐·约翰逊(Betsey Johnson)说得更为直接。"我真心认为香奈儿非常杰出,"她说,"而且即使作为一位年长的女性,她依然非常杰出……但是年轻人的时尚是对他们自己生活的表达,而香奈儿早就不是二十多岁的年纪了。"[1]

1967 年,香奈儿的忠实顾客之一萨克斯第五大道精品百货店停止向她购买商品,这让她非常愤怒。为了寻找新的灵感,香奈儿把目光转向了她的一位新朋友贝蒂娜·格拉齐亚尼(Bettina Graziani)。有一天,她嘴里含着别针,

---

[1] 'Chanel in Dig at Mrs Kennedy's Taste',《纽约时报》(*New York Times*),1967 年 7 月 29 日,第 fs14 页。

突然转头看着贝蒂娜,出人意料地说:"我想为你设计一个时装系列。"贝蒂娜曾经是 20 世纪 40 年代至 50 年代收入最高的时装模特之一,原名西蒙·米歇琳·博丁(Simone Micheline Bodin)。在 1955 年放弃模特生涯之前,贝蒂娜曾为吕西安·勒隆、杰奎斯·菲斯和于贝尔·德·纪梵希工作过——而那时香奈儿正在东山再起。作为菲斯和纪梵希的缪斯,贝蒂娜对剪裁有着非常老道的眼光,并且她也非常尊重香奈儿,认为香奈儿是一位注重服装每一个细节的天才:连衣裙的衬里是双面横棱缎(peau de soie);夹克上用链子加重,这样无论女性如何活动,夹克都不会变形。在试衣时,香奈儿让模特将手臂举过头顶,这样就可以在袖孔不影响活动的情况下,让夹克或连衣裙仍然可以完美悬挂。[1]

作为阿里·汗王子(Prince Aly Khan)的未婚妻,贝蒂娜并非香奈儿那个排外的小圈子中的一员,但有时她会成为香奈儿的顾客。贝蒂娜气质出众——身材娇小,面容清新,长着雀斑——苗条的身材非常适合香奈儿的设计。虽然香奈儿的年龄是贝蒂娜的两倍,但两人还是成了朋友,也许是因为香奈儿在她们的背景中发现了相似之处——贝蒂娜和香奈儿一样,在乡下被养育大之后,飞速逃离,来到了巴黎;而且另一点与香奈儿一样的是,贝蒂娜也因为

---

[1] 贝蒂娜·格拉齐亚尼(Bettina Graziani)访谈,2009 年 10 月 14 日,巴黎。

爱人的去世而伤心欲绝——就在她与阿里·汗王子订婚几年后，王子在一场车祸中丧生了。不管出于什么原因，香奈儿都从这位年轻女性的身上获得了启发。20世纪60年代，在贝蒂娜为参加隆巴迪酒店（Hotel Lombard）举行的"印度"舞会（'India' ball）准备一套衣服时，香奈儿为她制作了两套而不是一套，并且指导贝蒂娜在舞会期间如何更换。就在制作这两套服装的时候，香奈儿还需要在美国医院短暂住院，因此贝蒂娜在医院病房里进行了试衣。

在贝蒂娜展示这套以她为灵感的设计系列时，出席展示会的媒体轰动了，都在庆祝她的回归。坐在镜面楼梯顶部的香奈儿被激怒了，她冲了出去。这是因为接受掌声的是贝蒂娜，而不是香奈儿本人。这让贝蒂娜感到震惊，但在那时她已经很清楚香奈儿的孤独和与世隔绝，以及她无端的怒火。香奈儿对其他人都毫不留情、非常挑剔，她只能依赖几个她信任并且非常耐心的朋友：记者雅克·查佐（她会和查佐一起去逛跳蚤市场）和赫维·米勒。

到了20世纪60年代末，许多拜访过香奈儿的人都对她的苍老和愤怒感到震惊。1970年见过香奈儿的塞西尔·比顿给出了一个典型的描述："她的头发宛若最黑的染色羊毛，没有形状或光泽；她的眼妆下垂，看起来像一只老狗；她戴着一顶惨白色的毡帽……这位老吉普赛人立即打开了话匣子，一刻不停，不给我任何插嘴的机会。她像往常一样谈论当今生活的种种恐怖。"她戴的戒指在她纤细的手指上滑动，其中有一些看起来像是金色的婚戒，甚至一枚蓝宝石戒指滑落下来并且消失不见了。"它不爱我，它就消失了——但我不在乎。"香奈儿说道。[1] 她穿着黑色靴子来隐藏自己肿胀的脚踝。比顿说，香奈儿现在的外表与三十年前那个迷人的女人截然不同，当时没有人能与她的魅力相媲美。

"除她外，每个人都有错。"比顿回忆道。香奈儿的谈话只集中在那些消极的事上，特别是关于其他女性的八卦——比如她曾经的密友玛吉·范·祖伊伦——香奈儿批评她一生中除打桥牌外，什么也没做。她说玛吉一生都太胖了，然后开始批评所有胖子。每个与香奈儿相处过的人都能记得她一刻不停地说话的场景，她甚至在比顿试图离开时尾随其后。"她像一条龙一样奋力让谈话继续下去，这样我就无法说再见。"比顿回忆道。[2] 甚至当他下楼走到楼梯平台上时香奈儿还要跟着。"猛烈的说话声仍在继续。然后你用一个飞吻向她道别。她知道，现在，她又将直面孤独。她微笑着道别，嘴巴咧得像个鬼脸。但从远处看，这个鬼脸又很正常，你可以从中看到她曾经拥有的魅力。"尽管比顿自己可能像香奈儿一样狡猾，但他承认：

> 香奈儿是一位非凡的而且异常性感的女人，性格上并不

---

[1] 克劳德·德莱（Claude Delay），*Chanel Solitaire*，第139页。
[2] 塞西尔·比顿（Cecil Beaton），*The Unexpurgated Beaton*，2002年，第115页。

女性化,但她又非常女性化地去理解诱惑这件事……她对质量和比例的独到"眼光"是无与伦比的。她有着胆魄、新派、权威、信念。她还有着天赋,因为这一点,她所有的缺点都必须被原谅。[1]

霍斯特于1963年拜访了香奈儿,他回忆说,这间公寓看起来就像一座博物馆,里面摆满了价值连城的物品,包括纯金的刀和叉子。霍斯特注意到朱红色的刷子、瓶子和粉盒的梳妆套组仍然摆在她的浴室里,但她已经把雕刻的公爵皇冠挪走了,马昆德指出这可能是香奈儿修改她人生故事的一种姿态。[2] 马塞尔·海德里希认为这套公寓看起来就像阿里巴巴的洞穴。然而,这些物品对香奈儿来说,其情感价值要远超它们的货币价值。它们是她的一生中珍贵的遗存:镀金的麦穗耳环、被达利涂成黑色的一粒谷壳、梳妆台上的一排剪刀、丽兹酒店床上悬挂的俄罗斯圣母像、咖啡桌上的水晶球,以及随处可见的狮子图案。还有一张边桌上放有雕塑家迭戈·贾科梅蒂[Diego Giacometti;阿尔贝托的弟弟,他曾经被德莱的丈夫——一位著名的手部外科医生治疗过]为德莱创作的一尊青铜手雕塑。

回首过去,香奈儿满怀思念与遗憾。德莱写道,"她的

---

1 塞西尔·比顿(Cecil Beaton),*The Unexpurgated Beaton*,2002年,第123~124页。
2 瓦伦丁·罗福特(Valentine Lawford),*Horst: His Work and his World*,1984年,第363页。

怀旧是为了温柔",香奈儿将其定义为"守护着你的力量"[1]。她的遗憾一如既往,即没有被爱。"我的人生是失败的。你不觉得像我一样在这盏灯下工作是一种失败吗?"她问德莱。"我哭了很多次。"在失去了那么多爱人后,香奈儿说,她在"裙子和外套中"找到了避难所。[2] 但那个避难所并没有真的保护她;成功让她感到空虚,别人怀着钦佩的心情重复讲述着的她的生活——那些闪闪发光的轶事、诙谐的格言——对她来说并没有带来任何安慰。香奈儿告诉约瑟夫·巴里:"如果必须的话,就撒谎吧;但不要说细节,也不要说给自己听。"[3]

香奈儿看着镜子,告诉保罗·莫朗道:

> 我看到自己有两道险恶的拱形眉毛,我的鼻孔像母马的一样宽,我的头发比魔鬼还黑,我的嘴像一条缝隙,从里面涌出一颗急躁但无私的心;最重要的是,在我这张像在学校待了太久的困惑不安的脸上按了一个女学生的大团发结!我的皮肤像吉卜赛人一样黝黑,这让我的牙齿和戴的珍珠看起来白了一倍;我的身体,像没有葡萄的藤蔓一样干燥;我这双工作的手上骨节突出,就像带了一个仿制的美式指虎。

> 镜中反射出来的那种坚硬,正是我自身带着的坚硬;镜

---

[1] 克劳德·德莱(Claude Delay),*Chanel Solitaire*,第 147 页。
[2] 同上,第 143 页。
[3] 约瑟夫·巴里(Joseph Barry),'Collections by Chanel',《麦考尔》(*McCall's*),1968 年,第 54 页。

子将其投射给我看,这是它和我之间的斗争:它展现了我自己的独特之处,我是一个高效、乐观、充满激情、现实、好斗、喜欢嘲讽和充满怀疑的人,并且我时刻能感受到自己的法国特质。[1]

每个工作日香奈儿都能发挥出自己的效率和热情,是康朋街的统治者,尽管此时她已经不能再拿着剪刀剪东西了。而周末对她来说可能会显得十分冷清。香奈儿有时会在周日去拉雪兹神父公墓(cemetery of Père Lachaise)散步,或者独自待在家里。有时德莱会和她一起吃午饭,她注意到香奈儿已经变得痴迷于洁净:在丽兹酒店用餐时,香奈儿将刀叉退回,称它们不干净;当她住院时,香奈儿抱怨没有什么东西是干净的——她会把眼镜送回去清洗。

夜晚对香奈儿来说也是难以忍受的孤独,她会一直看电视到深夜。"我经常发现她坐在梳妆台前,茫然地凝视着花园,因为孤独而动容。"德莱回忆道,"她穿着宽松的长睡衣,依然显得瘦削苗条。她会突然出现在我面前,光光的手臂上布满了漫长的岁月留下的皱纹……这双手臂尚未在胸前环抱。她没有画眉毛,穿着丝绸睡衣的身躯非常瘦削,棕色丝带在刘海上打成蝴蝶结。她独自一人,怀着一

---

[1] 保罗·莫朗(Paul Morand),*The Allure of Chanel*(1976 年版),尤安·卡梅隆(Euan Cameron)译,2008 年,第 143 页。

颗十八岁的心。她称之为幼稚病。"[1] 香奈儿的睡眠更成问题了。即使服用了镇静剂,她仍被噩梦和梦游困扰。有时,在梦游中香奈儿会拿起剪刀剪掉床单,试图制作一套衣服。有时,在梦游中她会洗手,反复冲洗指尖。后来,香奈儿便要求睡觉时把自己绑在床上。

香奈儿说自己希望在工作中死去。但在1971年1月10日一个周日的晚上,香奈儿突然无法呼吸,她尝试给自己注射,但失败了。她的女仆冲进去想要帮忙,发现她惊慌失措。当酒店医生赶到时,香奈儿已经去世了。

> "一个不被爱的女人就不是女人。无论她的年纪如何,"香奈儿说道,"一个不被爱的女人是一个迷失的女人。她唯一能做的就是死。"[2]

在马德莲娜大教堂(L'Église de la Madeleine)举行的追悼会是巴黎时尚明星们的一次重聚。伊夫·圣-罗兰、姬龙雪(Guy Laroche)、皮埃尔·巴尔曼、马克·博昂(Marc Bohan)、克里斯托瓦尔·巴伦西亚加鱼贯进入教堂。还有许多香奈儿的模特,她们都穿着她设计的外套。达利也在场,还有赫维·米勒、卢·马昆德和弗朗索瓦·米罗

---

[1] 保罗·莫朗(Paul Morand),*The Allure of Chanel*(1976年版),尤安·卡梅隆(Euan Cameron)译,2008年,第151页。
[2] 同上,第147页。

内。克劳德·德莱和她的丈夫一起来了。埃德蒙德·夏尔-鲁和雅克·查佐也出席了。这些人和其他数百人（据报道称有 2000 人）一起挤在教堂里参加了这场拉丁弥撒。鲜花无处不在：弗雷迪·布里森和他的妻子罗莎琳·拉塞尔送来了白色杜鹃花；维斯康蒂送来了红玫瑰和山茶花的花环；米罗内送来了白色花朵做成的十字架。当棺材被放进灵车前往洛桑（香奈儿将被安葬在那里）时，谣言开始四起。据说，夏尔-鲁已经完成了一本揭露真相的香奈儿传记。现在这位设计师去世了，该传记也将很快出版。据说，有一名助理从香奈儿的手指上撸下了几枚戒指，并将它们装进了自己的口袋。据说，米罗内声称香奈儿曾经承诺给他一百万美元。当然，在这些谣言当中有一个关键问题：香奈儿品牌还会继续存在下去吗？

当然，答案是肯定的。韦特海默家族仍掌控着大权，1965 年皮埃尔去世后，他的儿子雅克（Jacques）接手了公司的管理权。香奈儿去世时，她为下一场发布会准备的时装系列已经制作完成。如果说公司在接下来的三年里表现得有些滞后的话，雅克的儿子阿兰（Alain）于 1974 年接手后立即为公司注入了新的活力。随着新的一轮香水和化妆品广告活动的推出以及在全球开设了 40 家香奈儿精品店，香奈儿品牌的销售量出现复苏。

1983 年，出生于德国的卡尔·拉格斐（Karl Lagerfeld）被任命为香奈儿品牌的设计总监。拉格斐 15 岁时与母亲一起来到巴黎，17岁时就因设计的外套获得了一项时尚奖。在决定进入成衣屋工作之前，拉格斐曾为皮埃尔·巴尔曼和让·帕图工作过。拉格斐觉得高级定制时装的世界太小众了，但他对成衣设计的兴趣也未长久地保持住，于是他彻底离开了时尚界一阵子，转而学习艺术。尽管如此，拉格斐最终还是回到了时尚界，开始为芬迪（Fendi）和蔻依（Chloé）做设计。和香奈儿一样，拉格斐也有着勤奋、不知疲倦的工作狂的口碑。但与香奈儿不同的是，拉格斐擅长绘制图样，他的设计兼具优雅与神韵。尽管拉格斐担任设计总监后初期的时装系列曾向香奈儿的标志性风格致敬，但他很快就发展出了自身的风格，更加的俏皮和都市时髦感。"我找到了她的密码、她的设计语言，然后将它们全部混合在一起。"拉格斐说道。[1] 牛仔服、机车夹克、10厘米（4英寸）跟的高跟鞋以及各种亮片是拉格斐为香奈儿品牌带来的许多新标志。

由于香奈儿是一家私人持股的公司，财务分析师只能预估其价值。最近的一项分析报告将该品牌与另一个欧洲私人持有的品牌爱马仕（Hermès）进行了比较，并在时尚收入的估值中加入了香水和化妆品业务的估值。即使在全球经济衰退时期，香奈儿似乎也保持住了其品牌价值。一家市场研究公司的首席分析师表示，"把一个C与另一个C

---

[1] 布兰达·波兰（Brenda Polan）、罗杰·瑞杰（Roger Tredre），*The Great Fashion Designers*，2009年，第134页。

交叉，你就得到了一个无价之宝"。据估算，香奈儿品牌的时装业务价值 30 亿至近 50 亿英镑，随着经济走强，未来盈利增幅可能高达 10 亿至 20 亿英镑；品牌香水和化妆品业务价值 20 亿至 25 亿英镑。到了 2008 年，香奈儿品牌的总估值为 60 亿至近 90 亿英镑，这让它成为世界上最大的时装品牌之一。[1]

1997 年，在香奈儿 5 号香水问世七十五周年之际，一场将香奈儿与安迪·沃霍尔（Andy Warhol，他在一系列作品中使用了香奈儿 5 号的香水瓶）联系起来的新广告活动，让该香水在买家中树立起了更年轻的形象。此前，女性消费者们将这款香水视为属于她们母亲年龄层的时尚。该活动使得香奈儿 5 号香水的销量激增 20%～30%，使这款不朽的传奇香水重新焕发了活力。近期上映了两部有关香奈儿的电影：奥黛丽·塔图（Audrey Tautou）主演的《时尚先锋香奈儿》（*Coco avant Chanel*，2009）和安娜·莫格拉丽丝（Anna Mouglalis）主演的《可可与伊戈尔》（*Coco and Igor*，2009）。塔图除在电影中饰演年轻的香奈儿外，还出演了有关香奈儿的爱情电视剧以及登上了香奈儿 5 号香水的平面广告。

"女装设计师和女演员一样，通常获得的都是转瞬即逝的成功，"香奈儿的朋友莫里斯·萨克斯曾写道，"她们死后

---

[1] 魏柳·达吉（Willow Duttge），'Buying Chanel (All of It)'，《商业智慧》（*Condé Nast Portfolio*），2008 年 6 月。

没有留下任何自己活着时的痕迹,有时她们甚至尚未离世就被遗忘了——前者是因为时尚抛弃了她们,后者是因为曾经属于她们的掌声都已经归于沉寂了。"[1]许多著名的时装设计师都遭遇了这种命运——帕图、帕坎、慕尼丽丝、梅因布彻,甚至薇欧奈,都是如此——但香奈儿却没有:无论是她的风格,还是她的影响力,抑或她曾经作为的那个令人惊叹的女性本身。

---

[1] 莫里斯·萨克斯(Maurice Sachs),*The Decade of Illusion: Paris*,1918—1928,格莱迪斯·马修·萨克斯(Gladys Matthews Sachs)译,1933 年,第 153 页。

精选参考文献

Ballard, Bettina, *In My Fashion* (New York, 1960)

Barry, Joseph, 'Portrait of Chanel No. 1', *New York Times* (23 August 1964)

——, 'An Interview with Chanel', *McCall's* (November 1965), pp. 121, 168–74

——, '"I Am on the Side of Women," Said My Friend Chanel', *Smithsonian* (May 1971), pp. 29–35

Bettina, *Bettina par Bettina* (Paris, 1964)

Bond, David, *Coco Chanel and Chanel* (London, 1994)

Bordo, Susan, *Unbearable Weight: Feminism, Western Culture, and the Body* (Berkeley, CA, 1993)

Bott, Danièle, *Chanel: Collections and Creations* (London, 2007)

Brady, James, *Superchic* (Boston, MA, 1974)

Cameron, Roderick W., *The Golden Riviera* (London, 1978)

Chanel, l'art comme univers, exh. cat., Pushkin State Museum of Fine Arts (Moscow, 2007)

Charles-Roux, Edmonde, *Chanel: Her Life, her World, and the Woman Behind the Legend she herself Created*, trans. Nancy Amphoux (New York, 1975)

——, *Chanel and her World: Friends, Fashion, and Fame*, trans. Daniel Wheeler (New York, 2005)

Chase, Edna Woolman, and Ilka Chase, *Always in Vogue* (London, 1954)

Cocteau, Jean, *Past Tense: Diaries*, vol. i, trans. Richard Howard (New York, 1987)

Crane, Diana, ' Postmodernism and the Avant-Garde: Stylistic

Change in Fashion Design', *Modernism/Modernity*, IV/3(1997), pp. 123–40

——, *Fashion and Its Social Agendas: Class, Gender, and Identity in Clothing* (Chicago, IL, 2000)

Dalí, Salvador, *The Secret Life of Salvador Dalí*, trans. Haakon M. Chevalier (New York, 1942)

——, *The Unspeakable Confessions of Salvador Dalí, as Told to André Parinaud*, trans. Harold J. Salemson (New York, 1976)

Davis, Mary E., *Classic Chic: Music, Fashion, and Modernism* (Berkeley, CA, 2006)

De la Haye, Amy, and Shelley Tobin, 'The Dissemination of Design from Haute Couture to Fashionable Ready-to-Wear during the 1920s', *Textile History*, XXIV/1(1993), pp. 39–48

——, *Chanel: The Couturière at Work* (Woodstock, NY, 1994)

Delay, Claude, *Chanel Solitaire*, trans. Barbara Bray (New York, 1974)

Déon, Michel, *Pages Françaises* (Paris, 1999)

Etherington-Smith, Meredith, *Patou* (New York, 1983)

——, *The Persistence of Memory: A Biography of Dalí* (New York, 1992)

Evans, Caroline, and Minna Thornton, 'Chanel: The New Woman as Dandy', *Women and Fashion: A New Look* (London, 1989), pp. 122–32

Fairchild, John, *Chic Savages* (New York, 1989)

Field, Leslie, *Bendor: The Golden Duke of Westminster* (London, 1983)

Flanner, Janet, *Paris was Yesterday, 1925–1939* (New York, 1972)

Font, Lourdes, 'L'Allure de Chanel: The Couturière as Literary Character', *Fashion Theory*, VIII/3(2004), pp. 301–14

Galante, Pierre, *Mademoiselle Chanel*, trans. Eileen Geist and Jessie Wood (Chicago, IL, 1973)

Gere, Charlotte, *Marie Laurencin* (New York, 1977)

Gibson, Ian, *The Shameful Life of Salvador Dalí* (New York,

1997)

Gidel, Henry, *Coco Chanel* (Paris, 2000)

Gilbert, Martin, *Winston S. Churchill*, vol. v: *Companion Part I, 1922–1929* (London, 1979)

Gilbert, Sandra M., 'Costumes of the Mind: Transvestism as Metaphor in Modern Literature', *Critical Inquiry*, VII/2 (Winter 1980), pp. 391–417

Gold, Arthur, and Robert Fizdale, *Misia: The Life of Misia Sert* (New York, 1980)

Gronberg, Tag, 'Beware Beautiful Women: The 1920s Shopwindow Mannequin and a Physiognomy of Effacement', *Art History*, XX/3 (September 1997), pp. 375–96

Haedrich, Marcel, *Coco Chanel: Her Life, her Secrets*, trans. Charles Lam Markmann (Boston, MA, 1972)

Hawes, Elizabeth, *Fashion is Spinach* (New York, 1938)

Helleu, Jacques, *Jacques Helleu and Chanel* (Paris, 2006)

Herald, Jacqueline, *Fashions of a Decade: The 1920s* (London, 1991)

Hill, Daniel Delis, *As Seen in Vogue: A Century of American Fashion in Advertising* (Lubbock, TX, 2004)

Holland, Ann, 'The Great Emancipator, Chanel', *Connoisseur* (February 1983), pp. 82–90

Horst, Horst P., *Salute to the Thirties* (New York, 1971)

Joseph, Charles M., *Stravinsky Inside Out* (New Haven, CT, 2001)

Kennett, Frances, *Coco: The Life and Loves of Gabrielle Chanel* (London, 1989)

Kirkland, Douglas, *Coco Chanel: Three Weeks* (New York, 2008)

Koda, Harold, et al., *Chanel* (New York, 2005)

Lawford, Valentine, *Horst: His Work and his World* (New York, 1984)

Leymarie, Jean, *Chanel* (New York, 1987)

Lifar, Serge, *Ma Vie: From Kiev to Kiev*, trans. James Holman Mason (New York, 1970)

Lipchitz, Jacques, *My Life in Sculpture* (New York, 1972)

Madsen, Axel, *Chanel: A Woman of her Own* (New York, 1990)

Mann, Carol, *Paris Between the Wars* (New York, 1996)

Mann, William J., *Kate, The Woman who was Hepburn* (New York, 2006)

Margetson, Stella, *The Long Party: High Society in the Twenties and Thirties* (Farnborough, Hampshire, 1974)

Margueritte, Victor, *La Garçonne*, trans. Hugh Barnaby (New York, 1923)

Marie, Grand Duchess of Russia, *A Princess in Exile* (New York, 1932)

Marny, Dominique, *Les Belles du Cocteau* (Paris, 1995)

Marquand, Lilou, *Chanel m'a dit* (Paris, 1990)

Morand, Paul, *Venices* [1971], trans. Euan Cameron (London, 2002)

——, 'On Proust and Chanel', trans. Vincent Giroud, *Yale Review*, XCIV/2 (April 2006), pp. 69–82

——, *The Allure of Chanel* [1976], trans. Euan Cameron (London, 2008)

Nabokov, Nicolas, 'Days with Diaghilev', *American Scholar*, XLIV/4 (Autumn 1975), pp. 620–35

New Yorker Magazine, *The New Yorker Book of War Pieces* (New York, 1947)

Peacock, John, *The 1920s (Fashion Sourcebooks)* (London, 1997)

Penn, Irving, and Diana Vreeland, *Inventive Paris Clothes, 1900–1939: A Photographic Essay* (London, 1977)

Phelps, Robert, ed., *Professional Secrets: An Autobiography of Jean Cocteau*, trans. Richard Howard (New York, 1970)

Picardie, Justine, *Coco Chanel: The Legend and the Life* (New York, 2010)

Picken, Mary Brooks, *Dressmakers of France* (New York, 1956)

Poiret, Paul, *King of Fashion: The Autobiography of Paul Poiret* [1931], trans. Stephen Haden Guest (London, 2009)

Polan, Brenda, and Roger Tredre, *The Great Fashion Designers* (Oxford, 2009)

Ponsonby, Loelia, *Grace and Favour: The Memoirs of Loelia, Duchess of Westminster* (New York, 1961)

Presley, Ann Beth, 'Fifty Years of Change: Societal Attitudes and Women's Fashions, 1900–1950', *The Historian*, LX/2(1998), pp. 307–24

Rafferty, Jean Bond, 'Chanel No. 31', *France Today* (June 2009), pp. 30–32

Richards, Melissa, *Chanel: Key Collections* (London, 2000)

Ridley, George, with Frank Welsh, *Bend'Or, Duke of Westminster* (London, 1985)

Ries, Frank W. D., *The Dance Theatre of Jean Cocteau* (Ann Arbor, MI, 1986)

Roberts, Mary Louise, 'Samson and Delilah Revisited: The Politics of Women's Fashions in 1920s France', *American Historical Review*, XCVIII/3 (June 1993), pp. 657–84

———, *Civilization without Sexes: Reconstructing Gender in Postwar France, 1917–1927* (Chicago, IL, 1994)

Rowlands, Penelope, *A Dash of Daring: Carmel Snow and her Life in Fashion, Art, and Letters* (New York, 2005)

Russell, Rosalind, and Chris Chase, *Life is a Banquet* (New York, 1977)

Rzewuski, Alex-Ceslas, *La Double Tragédie de Misia Sert* (Paris, 2006)

Sachs, Maurice, *Witches' Sabbath* [1960], trans. Richard Howard (New York, 1964)

———, *The Decade of Illusion: Paris, 1918–1928*, trans. Gladys Matthews Sachs (New York, 1933)

Schiaparelli, Elsa, *Shocking Life* (New York, 1954)

Servadio, Gaia, *Luchino Visconti: A Biography* (New York, 1983)

Steele, Valerie, *Fashion and Eroticism: Ideals of Feminine Beauty from the Victorian Era to the Jazz Age* (Oxford, 1985)

———, *Paris Fashion: A Cultural History* (Oxford, 1988)

———, *Women of Fashion: Twentieth-Century Designers* (New York, 1991)

——, *Fetish: Fashion, Sex and Power* (Oxford, 1996)

Stewart, Mary Lynn, *For Health and Beauty: Physical Culture for Frenchwomen, 1880s–1930s* (Baltimore, MD, 2001)

—— with Nancy Janovicek, 'Slimming the Female Body? Re-evaluating Dress, Corsets, and Physical Culture in France, 1890s–1930s', *Fashion Theory*, v/2(2001), pp. 173–94

Troy, Nancy J., *Modernism and the Decorative Arts in France* (New Haven, CT, 1991)

Veillon, Dominique, *Fashion Under the Occupation* [1990], trans. Miriam Kochan (New York 2002)

Vilmorin, Louise de, *Mémoires de Coco* (Paris, 1999)

Wallach, Janet, *Chanel: Her Style and her Life* (New York, 1998)

Walsh, Stephen, *Stravinsky: A Creative Spring: Russia and France, 1882–1934* (New York, 1999)

Wilson, Elizabeth, *Adorned in Dreams: Fashion and Modernity* (Berkeley, CA, 1987)

Wiser, William, *The Crazy Years: Paris in the Twenties* (New York, 1983)

——, *The Twilight Years: Paris in the Thirties* (New York, 2000)

致谢

感谢多米尼克·纳博科夫（Dominique Nabokov）提供的采访建议，感谢贝蒂娜·格拉齐亚尼（Bettina Graziani）和克劳德·德莱（Claude Delay）向我讲述香奈儿。感谢国家图书馆（Bibliothèque Nationale）、时尚博物馆加列拉图书馆（Bibliothèque Galliera of the Musée de la Mode）、装饰艺术博物馆图书馆（library of the Musée des Arts Décoratifs）和巴黎历史图书馆（Bibliothèque Historique in Paris）的工作人员的协助；感谢时装技术学院图书馆（library of the Fashion Institute of Technology）的凯伦·科奈儿（Karen Cannell）和纽约公共图书馆（New York Public Library）比利·罗斯剧院收藏馆（Billy Rose Theater Collection）的图书管理员们。艾米·西里尔（Amy Syrell）和斯基德莫尔学院（Skidmore College）斯克里布纳图书馆（Scribner Library）的工作人员协助处理了我无数的图书馆间借阅的请求，这对我能完成这项研究来说是不可或缺的帮助。我还要感谢斯基德莫尔学院（Skidmore College）为我提供了一个休假学期来完成本书的工作，并为我提供了资金以便支付研究费用。感谢希洛·乌尔曼（Thilo Ullmann）、梅森·斯托克斯（Mason Stokes）、莎拉·古德温（Sarah Goodwin）、萨里·艾德斯坦（Sari Edelstein）、苏珊娜·明茨（Susannah Mintz）和马尔戈·门星（Margo Mensing）的独到见解和对我的鼓励。在瑞阿克森出版社（Reaktion Books），维维安·康斯坦丁诺普洛斯（Vivian Constantinopoulos）从一开始就充满热情，我很荣幸能与她以及她的同事们一起工作。我的朋友、家人和许多学生——尤其是我的巴黎研讨班——一直在热切地等待这本书。我希望他们能够对此感到满意。

著译者

作者｜ 琳达·西蒙 LINDA SIMON

美国人，曾就读于纽约皇后学院，并在纽约大学获得硕士学位，在布兰迪斯大学获得英语博士学位。

译者｜ 胡梦茵

华东师范大学人类学博士，现为浙江财经大学社会工作系讲师，研究方向为生态伦理、数字社会工作、电子游戏等。

图书在版编目（CIP）数据

香奈儿胶囊传 /（美）琳达·西蒙著；胡梦茵译.
上海：上海文艺出版社，2025. --（知人系列）.
ISBN 978-7-5321-9225-0

Ⅰ. K835.655.7

中国国家版本馆CIP数据核字第2025Q1L389号

Coco Chanel by Linda Simon was first published by Reaktion Books, London, UK, 2011, in the Critical Lives Series.

Copyright © Linda Simon, 2011

著作权合同登记图字：09-2020-068号

责任编辑：陈　蔡
封面设计：朱云雁

书　　名：香奈儿胶囊传
作　　者：[美] 琳达·西蒙
译　　者：胡梦茵
出　　版：上海世纪出版集团　上海文艺出版社
地　　址：上海市闵行区号景路159弄A座2楼　201101
发　　行：上海文艺出版社发行中心
　　　　　上海市闵行区号景路159弄A座2楼206室　201101　www.ewen.co
印　　刷：浙江中恒世纪印务有限公司
开　　本：787×1092　1/32
印　　张：7.75
插　　页：3
字　　数：120,000
印　　次：2025年7月第1版　2025年7月第1次印刷
I S B N：978-7-5321-9225-0/K.497
定　　价：55.00元
告 读 者：如发现本书有质量问题请与印刷厂质量科联系　T：0571-88855633

I知人
cons

知人系列

爱伦·坡：有一种发烧叫活着
塞林格：艺术家逃跑了
梵高：一种力量在沸腾
卢西安·弗洛伊德：眼睛张大点
阿尔弗雷德·希区柯克：他知道得太多了
大卫·林奇：他来自异世界
汉娜·阿伦特：活在黑暗时代

弗吉尼亚·伍尔夫
伊夫·克莱因
伦纳德·伯恩斯坦
兰波
塞缪尔·贝克特
约瑟夫·博伊斯
贝托尔特·布莱希特
德里克·贾曼
康斯坦丁·布朗库西

香奈儿胶囊传

托马斯·曼胶囊传

斯特拉文斯基胶囊传

雨果胶囊传

(即将推出)

麦尔维尔胶囊传

三岛由纪夫胶囊传

爱森斯坦胶囊传

马拉美胶囊传

欧姬芙胶囊传

克尔凯郭尔胶囊传

聂鲁达胶囊传